Flieger / Müller

Basale Lernbedürfnisse im inklusiven Unterricht

Petra Flieger
Claudia Müller
(Hrsg.)

Basale Lernbedürfnisse im inklusiven Unterricht

Ein Praxisbericht aus der Grundschule

Verlag Julius Klinkhardt
Bad Heilbrunn • 2016

k

Dieser Titel wurde in das Programm des Verlages mittels eines Peer-Review-Verfahrens aufgenommen. Für weitere Informationen siehe www.klinkhardt.de.

Bibliografische Information der Deutschen Nationalbibliothek
Die Deutsche Nationalbibliothek verzeichnet diese Publikation
in der Deutschen Nationalbibliografie; detaillierte bibliografische Daten
sind im Internet abrufbar über http://dnb.d-nb.de.

Bildnachweis: alle Fotos privat.
Lektor für die Herausgeber: Harald Dunajtschik.

Druck und Bindung: AZ Druck und Datentechnik, Kempten.
Printed in Germany 2016.
Gedruckt auf chlorfrei gebleichtem alterungsbeständigem Papier.

ISBN 978-3-7815-2125-4

Inhaltsverzeichnis

Vorwort der Herausgeberinnen

Dieses Buch ist unser Beitrag zur fortwährenden Debatte, ob Kinder mit (sehr) schwere Beeinträchtigungen und basalen Lernbedürfnissen schulisch integrierbar sind bzw. integriert werden sollen. Sehr oft wird argumentiert, dass Inklusion für diese Kinder nicht sinnvoll sei und sie in Sonderschulen besser betreut und gefördert würden. Wir – Petra Flieger und Claudia Müller – setzen uns beide seit langem für inklusive Entwicklung im Schulleben ein. Niemand soll ausgeschlossen werden, auch nicht Kinder mit Behinderungen. Beide plädieren wir seit langem für das Auslaufen lassen von Sonderschulen, das Hand in Hand mit einem effektiven Ressourcentransfer von den Sonderschulen in die Regelschulen erfolgen muss. Als ehemalige Lehrerinnen in Integrationsklassen wissen wir aus unserer praktischen Erfahrung, dass Inklusion nicht nur möglich, sondern für alle Beteiligten – LehrerInnen und SchülerInnen – zu qualitativen Verbesserungen sowohl beim Lernen als auch beim Arbeiten in der Schule führen kann. Als wir einander im November 2014 zufällig auf einer Veranstaltung kennenlernten, bei der Claudia begeistert über die erfolgreiche schulische Inklusion von Sandra, einem Mädchen mit basalen Lernbedürfnissen und hohem Unterstützungsbedarf, berichtete, entstand spontan die Idee, aus dieser gelungenen Inklusionsgeschichte ein Buch zu machen.

Mut und Vertrauen

13 Jahre nach der Beendigung von Sandras Schulzeit in der Grundschule Wiener Neudorf und sechs Jahre nach ihrem Tod begannen wir daher, für dieses Buch zu recherchieren und Materialien zu sammeln. Bei allen befragten und kontaktierten Personen, die während der Kindergarten- oder Schulzeit mit Sandra zu tun hatten, wurden Bilder und Erinnerungen geweckt, aus denen sich zusammen mit Reflexionen aus der zeitlichen Distanz eine Fülle an Materialien ergab. Davor hatten wir im ersten Schritt selbstverständlich mit Sandras Mutter Kontakt aufgenommen, sie über die Idee für das Buchprojekt informiert und ihr Einverständnis dazu eingeholt. Ihr wurde immer wieder über den aktuellen Stand berichtet, sie bekam alle Texte zum Lesen und gab ihre Zustimmung zur Veröffentlichung. Wie damals, als sich Sandras Mutter für die Integrationsklasse in der Grundschule entschloss, bewies sie auch diesmal wieder großen Mut und großes Vertrauen. Damals den Lehrerinnen gegenüber, diesmal uns als Herausgeberinnen.
In Wiener Neudorf gab es bereits 1999 langjährige Erfahrungen mit Integration, sowohl in Kindergärten als auch in Horten, in der Grundschule und in Vereinen. Kindergartenleiterinnen, Schulleitung, Hortleiterinnen, Vereinsvorsitzende, Bezirksschulrat und die Gemeinde als Schulerhalter hatten Mut zur Vielfalt und

ermöglichten entsprechende Rahmenbedingungen für die Nichtaussonderung von Menschen mit Behinderungen. Auch die beiden Lehrerinnen Susanne Preinsperger und Claudia Müller waren nach acht Jahren Erfahrung mit Teamteaching in Integrationsklassen davon überzeugt, dass es keine Grenzen der Integration gibt, nur falsche oder schlechte Rahmenbedingungen. Gute Rahmenbedingungen einzufordern, benötigte nicht nur Mut der beiden Lehrerinnen, sondern auch Vertrauen seitens der vorgesetzten Stellen. Dies wurde ihnen entgegengebracht, vor allem auch von ihrem damaligen Schulleiter Harald Müller, der rückblickend meint: „Vielleicht war mein kleiner Beitrag für manch Neues an unserer Schule, dass ich ganz einfach nicht nein gesagt habe. Das haben wir noch nie gemacht; bei uns ist das nicht üblich; das wird aber schwierig werden. In meinem Verantwortungsbereich sollte dieses Vokabular keinen Platz haben." (Müller 2015) Auch der damalige Bezirksschulinspektor Josef Tutschek unterstützte schulische Integration von behinderten Kindern, so wie es das Schulgesetz in Österreich seit 1993 vorsieht. Ihm war die Zusammensetzung von Teams mit LehrerInnen, die gut miteinander kooperieren, immer ein großes Anliegen.

Teilhabe und Zugehörigkeit

Sandras Glück war es wohl, dass sie sowohl in ihrer Kindergarten- als auch in ihrer Schulzeit auf viele Menschen traf, die ihrer Nicht-Aussonderung positiv gegenüberstanden. Gemeinsam entwickelten diese – Lehrerinnen, Therapeutinnen, ÄrztInnen, Stützkräfte und nicht zuletzt VertreterInnen der Gemeinde Wiener Neudorf – ein großes Netzwerk zur Unterstützung und zum Wohl von Sandra. Deren Glück war es sicherlich auch, dass viele Menschen aus der Nachbarschaft sie bereits kannten, Kinder ebenso wie Eltern. Sandra war ein Kind aus der Nachbarschaft, und viele waren mit ihr und ihren Bedürfnissen vertraut, deshalb gehörte sie dazu und konnte teilhaben. Dies führte wahrscheinlich zu der trotz aller Herausforderungen großen Selbstverständlichkeit ihrer Zugehörigkeit zur Gemeinschaft im Kindergarten ebenso wie in der Grundschule. Und genau deshalb ist Sandras Geschichte so positiv beispielhaft dafür, was mit Inklusion, inklusiver Schule oder inklusiver Gesellschaft gemeint ist: Alle Menschen einer Gemeinde sind willkommen und für alle Menschen werden Rahmenbedingungen geschaffen, damit sie teilhaben können. Dass dies nicht immer einfach ist und manchmal große Hürden zu bewältigen oder schwierige Zeiten auszuhalten sind, zeigt Sandras Geschichte sehr konkret und eindrücklich, aber sie zeigt auch, dass sich das Problemlösen und das Aushalten schwieriger Zeiten auszahlen. Susanne Preinsperger, die Kollegin von Claudia in der Integrationsklasse, meint dazu: „Immer wieder wurden wir gefragt, ob die Integration in eine Volksschulklasse[1] für

---

1 Die österreichische Volksschule entspricht der Grundschule in Deutschland.

Sandra, ein so stark beeinträchtigtes Kind, Sinn macht. Wäre sie nicht in einer speziell ausgestatteten Einrichtung besser aufgehoben? In manchen Momenten habe auch ich gezweifelt. Aber spätestens am nächsten Tag in der Früh, wenn Sandra durch das Schultor geführt wurde, war ich wieder sicher. Sandra lachte und hatte Lebensfreude, wenn sie die anderen Kinder sehen, spüren und vor allem hören konnte." (Preinsperger 2015) Dieses Zugehörigkeitsgefühl, das ein wichtiges Kriterium für nicht aussondernde Schulen ist, wird in Sandras Geschichte an vielen Stellen besonders gut deutlich. Es ist Ausdruck gelebter Inklusion.

Zu wenig Mut und Vertrauen in der Sekundarstufe

Bedauerlicherweise konnte Sandras schulische Integration in der Sekundarstufe nicht fortgesetzt werden. Obwohl ihre Mutter klar den Wunsch nach Fortsetzung des integrativen Schulbesuchs hatte, konnte keine Schule gefunden werden, die Sandra aufnehmen wollte. Schulleitung und Lehrpersonen hatten wohl nicht genug Mut und Vertrauen, sich auf das Wagnis des gemeinsamen Unterrichts mit einer Schülerin mit basalen Lernbedürfnissen einzulassen. Das Mädchen wechselte daher in eine Sonderschule, in der sie ganztags unterrichtet und betreut wurde. Damit ist Sandras Geschichte sehr typisch dafür, wie die schulische Integration von Kindern mit Behinderungen umgesetzt wird: Obwohl sie in der Grundschule noch relativ häufig stattfindet, wechseln spätestens nach den ersten vier Schuljahren viele SchülerInnen mit Behinderungen in Sonderschulen. Ein aktueller Bericht aus Tirol belegt diesen Mechanismus anhand von Zahlen, dementsprechend kritisch ist die Rückmeldung des Tiroler Monitoringausschusses zur Überwachung der Umsetzung der UN-Konvention über die Rechte von Menschen mit Behinderungen: „Der Monitoringausschuss ist besorgt darüber, dass viele Kinder und Jugendliche mit sonderpädagogischem Förderbedarf bzw. mit erhöhtem Förderbedarf, die zu Beginn ihrer Schullaufbahn in Tirol inklusiv unterrichtet werden, im Laufe der Schulzeit in die Sonderschule wechseln." (Tiroler Monitoringausschuss 2015, 10)

Sandras schulische Integration endete nach der Grundschule, doch die Annahme, dass inklusiver Unterricht von SchülerInnen mit basalen Lernbedürfnissen in der Sekundarstufe nicht möglich sei, wäre ein Trugschluss. Beispielsweise zeigt eine Studie über Peer-Interaktion in einer inklusiv geführten Gymnasialklasse sehr eindrücklich, wie differenziert und intensiv sich die Kommunikation und Interaktion von SchülerInnen ohne Behinderungen mit einem Mitschüler, der basale Lernbedürfnisse hat, darstellt. Dabei zeigt sich, dass jene SchülerInnen, die den Jungen mit Behinderungen bereits aus der Kindergarten- und Grundschulzeit kennen, wesentlich häufiger mit ihm kommunizieren als jene, die ihn erst in der Sekundarstufe kennengelernt haben. Die Autorinnen sprechen sich klar für eine inklusive Schule ohne Wenn und Aber aus, „denn nur durch den persönlichen

Kontakt und die Interaktion mit Menschen mit einer Komplexen Behinderung können auf Seiten von Schüler(inne)n und Lehrkräften Ängste und Unsicherheiten abgebaut werden". (Schwarzenberg et al. 2016, 22)

Nachhaltigkeit

In Wiener Neudorf haben die Menschen nicht zuletzt durch Sandras Integration im Kindergarten und in der Schule erfahren, wie bereichernd Vielfalt ist und dass man auch mit sehr großer Vielfalt in tragfähigen Netzwerken gut umgehen kann. All das machte Mut und verlieh positive Kraft, um sich gemeinsam auf etwas Neues einzulassen. Im Jahre 2006 begann daher ausgehend von den Bildungseinrichtungen in Wiener Neudorf ein Inklusionsprojekt, das weit über Kindergarten und Schule hinausgeht und die gesamte Gemeinde umfasst. Ziel war die Vernetzung für den Umgang mit Vielfalt, das gemeinsame Nutzen von Ressourcen und eine Entwicklung von Qualität nach dem Prinzip der Nichtaussonderung und der Nachhaltigkeit.[2] So zeigte sich real, was im Zuge der Entwicklung des Konzepts von inklusiver Bildung vorausgesagt worden war, dass nämlich „Regelschulen mit dieser inklusiven Orientierung das beste Mittel sind, um diskriminierende Haltungen zu bekämpfen, um Gemeinschaften zu schaffen, die alle willkommen heißen, um eine integrierende Gesellschaft aufzubauen und um Bildung für Alle zu erreichen". (UNESCO 1994, im Internet)

Zum Aufbau dieses Buchs

Das vorliegende Buch besteht aus zwei, inhaltlich unterschiedlich ausgerichteten Teilen, die jedoch direkt aufeinander bezogen sind: Im *ersten Teil* steht die Rekonstruktion von Sandras vier Jahren in der Grundschule im Mittelpunkt. Die Grundlage dafür bilden Verlaufsaufzeichnungen von Claudia, die sie als Sandras Lehrerin von 1999 bis 2003 laufend verfasst hat und anhand derer sich die vier Schuljahre gut nachvollziehbar darstellen lassen. Diese Aufzeichnungen werden ergänzt durch Erinnerungen und reflektierende Anmerkungen von Menschen, die damals direkt mit Sandra zu tun hatten bzw. an ihrer schulischen Integration beteiligt waren: ihre Stützkraft, ihre Therapeutinnen und ihre ehemaligen MitschülerInnen. Eine ausführliche Darstellung des methodischen Vorgehens für diese Rekonstruktion findet sich vorab. Einleitend werden einerseits Sandras Krankengeschichte und ihre Zeit im Kindergarten, andererseits die Rahmenbedingungen und die Organisation des Unterrichts in ihrer Klasse ausführlich dargestellt. Alle Texte für den ersten Teil wurden von den Herausgeberinnen verfasst.

---

2 Informationen zum Inklusionsprojekt sowie Literatur dazu unter www.wr-neudorf.at/Inklusion

Für den *zweiten Teil* des Buchs wurden außenstehende Personen, die Sandra nicht persönlich kannten und damals nicht involviert waren, eingeladen, Sandras Schulgeschichte aus ihrer jeweils fachlichen Perspektive zu reflektieren und zu kommentieren. Dafür wurden ihnen die Verlaufsaufzeichnungen – ohne Einfügungen der Aussagen aller anderen beteiligten Personen – als Ausgangsmaterial zur Verfügung gestellt. Alle Autoren und Autorinnen beziehen sich daher explizit auf Sandras Geschichte sowie immer wieder auf einzelne Details daraus. Zu Beginn erläutert Corinna Wolffhardt in ihrem Beitrag Grundlagen und Prinzipien der Basalen Stimulation® in der Begleitung und Unterstützung von Kindern mit basalen Lernbedürfnissen. Daran anschließend stellt Volker Schönwiese in seinem Text ausgewählte Bezüge aus der Theorie inklusiver Pädagogik her, die auf die große Bedeutung dialogischer Kommunikation für die Arbeit mit Kindern verweisen. Claudia Niedermair geht in ihrem Beitrag der zentralen Frage nach, welche Kompetenzen LehrerInnen benötigen, um Nicht-Aussonderung in der Schule umzusetzen, und welche Konsequenzen sich daraus für die LehrerInnenbildung ergeben. Schließlich assoziieren Ines Boban und Andreas Hinz in ihrem Text ausführlich und mit vielfältigen theoretischen Bezügen zu Sandras Geschichte.

Dank

Unser Dank gilt allen Mitwirkenden, die durch ihre Zeit und ihre engagierte Unterstützung die spontane Idee zu diesem Buch mit ihren Erinnerungen, rückblickenden Anmerkungen ebenso wie mit ausführlichen Fachtexten mit Leben gefüllt haben. Den Sponsoren und dem Verlag danken wir dafür, dass dieses Buch professionell produziert werden konnte. Nicht zuletzt danken wir Sandras Mutter für ihr Vertrauen in uns.

Petra Flieger und Claudia Müller, Absam und Mödling im Juni 2016

Referenzen

Müller, Harald (2015). Persönliche E-Mail-Kommunikation.

Preinsperger, Susanne (2015). Persönliche Kommunikation.

Schwarzenberg, Eileen; Melzer, Conny; Penczek, Susanne (2016). Peer-Interaktion von einem unterstützt kommunizierenden Schüler mit Komplexer Beeinträchtigung in einer inklusiven Klasse. In: Teilhabe 1/2016, 17-23.

Tiroler Monitoringausschuss (2015). Inklusive Bildung in Tirol. Eine Stellungnahme des Tiroler Monitoringausschusses zur Überwachung der UN-Konvention über die Rechte von Menschen mit Behinderungen. Internet: https://www.tirol.gv.at/fileadmin/themen/gesellschaft-soziales/UN-Konventionen/downloads/Stellungnahme_Inklusive_Bildung_Tirol_Letztversion_schwer_9.10.15.pdf (09.06.2016).

UNESCO (1994). Die Salamanca Erklärung und der Aktionsrahmen zur Pädagogik für besondere Bedürfnisse. Internet: http://bidok.uibk.ac.at/library/unesco-salamanca.html

Teil 1

Sandras Krankengeschichte[1]

Sandra kam im Oktober 1991 als gesundes Kind zur Welt. Im Mai 1993, also im Alter von eineinhalb Jahren, wurden die Rachenmandeln (Polypen) entfernt. Im Laufe dieser Operation kam es aufgrund eines Narkosezwischenfalls zu einem Kreislaufstillstand. Sandra wurde reanimiert, doch eine Sauerstoffunterversorgung führte zu einer massiven Schädigung ihres Gehirns. Sie verbrachte mehrere Wochen im Wachkoma, konnte sich aber Schritt für Schritt so weit erholen, dass sie zu erkenn- und verstehbaren Reaktionen fähig war und Nahrung gut schlucken konnte. Sandras Krankheitsbild wird als residuale Enzephalopathie bezeichnet, die sich als Defektsyndrom folgendermaßen auswirkte: Von Beginn an hatte das Mädchen viele und starke zerebrale Anfälle, daher stand im Vordergrund der medizinischen Therapie die Reduktion der Anfälle durch entsprechende Medikamente. Aufgrund der massiven Schädigung ihrer Großhirnrinde war Sandra nicht mehr in der Lage, ihre Muskeln willentlich zu steuern. Dies führte im Bereich der Arme, der Beine und des Rückens zu starken Kontrakturen, die Sandra heftige Schmerzen verursachten. Vor allem im Bereich der Hüfte führte dies immer wieder zu großen Problemen. Weder Stehbrett noch A-Schiene[2] brachten Verbesserungen, daher stand immer wieder eine Operation der Hüfte im Raum, zu der es jedoch nie kam. Zur Entspannung und Entkrampfung ihrer Muskeln bekam Sandra etwa alle drei Monate Botulinusspritzen. Außerdem erhielt sie von Beginn an Physiotherapie, Ergotherapie, Basale Stimulation und Logotherapie. Trotz des Risikos des Aspirierens[3] stellte die Essensaufnahme von Beginn an einen wesentlichen Teil der logopädischen Therapie dar.

Sandra war durchgehend in neuropädiatrischer Behandlung und Kontrolle, allerdings erwies sich die Einstellung der zerebralen Krampfanfälle als schwierig und langwierig. Als sie nach einigen Jahren sehr häufig Medikamente erbrach, erhielt sie im Februar 1999 – also in ihrem letzten Kindergartenjahr – eine Magensonde, über die ihr sowohl Medikamente als auch Sondennahrung zugeführt werden konnten.

---

1 Sandras Krankengeschichte wurde auf der Grundlage eines ausführlichen Gesprächs mit ihrem behandelnden Neuropädiater, Dr. Othmar Fohler, verfasst und mit Informationen aus dem Gespräch mit ihrer Physiotherapeutin, Gerda Sigmund, ergänzt.
2 Eine A-Schiene wird individuell angefertigt und an den Körper angepasst, um die negativen Auswirkungen von Spastizität und verkürzter Muskulatur auf die Gelenke zu reduzieren. Sie kann im Stehen und im Liegen verwendet werden. Bei Sandra sollte mit der A-Schiene vor allem das Hüftgelenk positiv beeinflusst werden. Allerdings verursachte ihr das Anlegen besonders im Stehen Schmerzen, daher wurde die Schiene meistens im Liegen verwendet.
3 Aspirieren bedeutet „verschlucken", das heißt, Nahrung kommt in die Luftröhre.

Im Frühjahr 2003, als sie die vierte Klasse Volksschule besuchte, hatte Sandra einen Darmverschluss. Sie verbrachte mehrere Wochen im Krankenhaus.

Im Laufe der Zeit nahmen die Kontrakturen der Extremitäten und des Oberkörpers immer stärker zu. Sandra erhielt ein Mieder sowie Schienen und orthopädische Schuhe für die sich bildenden Spitzfüße.

Während eines Pflegeaufenthalts in einem Krankenhaus verstarb Sandra im August 2008 an den Folgen einer Lungenentzündung im Alter von 17 Jahren.

Sandras Zeit im Kindergarten[1]

Zwei Jahre lang besuchte Sandra vor ihrer Schulzeit den Kindergarten in Wiener Neudorf. Für die Leiterin, Silvia Schneider, war es selbstverständlich, Sandra als ein Kind aus dem Einzugsbereich ihres Kindergartens willkommen zu heißen. Da sie bereits Erfahrungen mit Integrationsgruppen in ihrem Haus hatte, war die Vorbereitung von Sandras Kindergartenbesuch nicht sehr aufwändig, sondern verlief unkompliziert. Es war einerseits schnell klar, dass im Kindergarten vorab keine besonderen räumlichen Adaptionen erforderlich und die Räumlichkeiten ausreichend barrierefrei waren, andererseits war ebenso klar, dass für Sandra eine persönliche Stützkraft eingestellt werden musste. Auf der Suche nach geeigneten Personen kontaktierte die Leiterin intuitiv Maria Reiter, die da-

Foto 1: Mit Unterstützung hält Sandra eine Farbrolle und malt.

---

1 Sandras Zeit im Kindergarten wurde auf der Grundlage von Gesprächen mit Silvia Schneider, der Kindergartenleiterin, sowie mit Maria Reiter, Sandras Stützkraft im Kindergarten, verfasst. Die wörtlichen Zitate stammen aus einem Text, den Maria Reiter aus der Erinnerung über ihre Arbeit mit Sandra geschrieben hat.

mals als Tagesmutter tätig war. Frau Reiter erinnert sich: „Ich lernte Sandra beim Spazierengehen mit meinen eigenen und mit zwei Tageskindern kennen. Wir wohnten in derselben Nachbarschaft, und durch das Gespräch mit Sandras Mutter freundeten wir uns an. Sandra kam zu uns nach Hause, wenn ihre Mutter besondere Wege zu erledigen hatte. Von der ersten Stunde an fühlte sie sich bei uns wohl. Barbara, meine Tochter, spielte immer für Sandra am Klavier, und so entdeckten wir ihr Interesse an Musik. Wenn Sandra da war, wurde das für uns alle die Musikzeit: Wir musizierten, san-

Foto 2: Vorlesen und zuhören

gen und tanzten, Sandra in meinem Arm inmitten der Kinder. Manchmal holte ich sie auch vom Kindergarten ab. Damals sprach ich einmal mit der Leiterin des Kindergartens über meinen Wunsch, in einem Kindergarten zu arbeiten. Im Sommer 1997 rief mich die Leiterin an und fragte, ob ich ab Herbst als Stützkraft für Sandra arbeiten möchte."

Am Beginn eines Kindergartentages, so Sandras Helferin, stand ein Ritual mit Zähneputzen und Gesichtwaschen. Das Händewaschen und Plantschen im warmen Wasser genoss Sandra sehr. Anschließend betrat sie in den Armen ihrer Unterstützerin den Gruppenraum, wo Mädchen und Buben zwischen drei und sechs Jahren ihre Spielkameraden waren. Frau Reiter erinnert sich: „Das Spiel fand überall statt, beim Tisch, auf dem Boden, am Basteltisch, in der runden Bank, im Turnsaal, im Wintergarten, im Garten auf der Wiese und im Kinderhaus, im Wannenbad. Sandra in meinem Arm, auf dem Schoß, tanzend. Ihren Wagen holten Sandra und ich nur, wenn ich vielen Kindern vorlas, dann saß Sandra im Wagen und hörte zu. Viel Zeit verbrachte Sandra im Wintergarten bei den Burschen. Dort ging es lustig und oft stürmisch zu. Das gefiel Sandra besonders, und so lachte sie, brachte fröhliche Geräusche hervor und streckte ihre Arme aus. Die Kinder freuten sich mit ihr." Doch es gab auch viele ruhige Momente, die für Begegnungen genutzt werden konnten: „Sandras Freundinnen belegten sie gerne mit Fühlsäckchen. Die bunten Säckchen, unterschiedlich mit Bohnen, Linsen oder Reis gefüllt, taten Sandra sehr gut, denn sie entspannte sich sehr dabei." Wo immer es sich anbot, nahm Sandra an Aktivitäten teil und wurde dabei von Frau Reiter unterstützt, die ihr die Hand führte, etwa beim bildnerischen Gestalten: „Beim Basteltisch walzte Sandra mit Farbe. Pinsel und Kämme wurden verwendet, um Bilder zu gestalten. Sandra mochte es, mit Farbe auf den Handflächen bemalt zu werden, dann wurden Handabdrucke gemacht: Ihre Hand in meiner Hand, Handabdruck bunt am Papier. Danach waren wir lange beim Händewaschen. Eine Freundin half immer beim Einseifen, wir machten Schaum, wuschen, ein Kind machte daneben Späße, Sandra lachte, um sie herum Kinder, die immer nur das Beste für sie wollten." Oder bei Konstrukti-

Foto 3: Sandra und ihre Unterstützerin Maria Reiter

onsspielen: „Mit ein paar Buben verbrachte Sandra gerne Zeit. Die Buben konstruierten aus bunten Bausteinen die tollsten Bauwerke. Sandra und ich saßen dabei auf dem Boden. Die Buben erzählten viel vom Prater[2], also entstanden das Riesenrad, Schaukeln, das Ringelspiel. Deren Begeisterung färbte auf Sandra ab, und sie zeigte das, indem sie sich bewegte, den Kopf zu den Buben drehte und Laute von sich gab." Oft war Frau Reiter mit Sandra im Turnsaal, wo sie mit ihr Übungen machte, die ihr von der Physiotherapeutin gezeigt worden waren, z. B. hin- und herrollen auf einer Decke oder verschiedene Massagen. Beim Essen saß Sandra mit anderen Kindern am Jausentisch und Frau Reiter unterstützte sie beim Jausnen: „Sandra aß am liebsten geriebenen Apfel mit Biskotte oder zerdrückte Banane. Beim Füttern berührte ich sacht Sandras Mundwinkel, dann war das Essen und Schlucken für Sandra kein Problem. Sie hatte einen feinen Gaumen und genoss die frisch zubereitete Jause." Wurde Sandra müde und schlief ein, legte sie Frau Reiter in die Hängematte mitten im Gruppenraum. Dort schlief Sandra friedlich und ruhig.

Zu Beginn des zweiten Kindergartenjahres bereitete Sandra die Hüfte starke Schmerzen, außerdem war sie immer wieder krank. Bis zum Ende ihrer Kindergartenzeit bekam Sandra Löffelnahrung.

---

2 Vergnügungspark in Wien.

Als im letzten Kindergartenjahr die beiden Lehrerinnen der Volksschule Sandra und Maria kennenlernten, erlebten sie die beiden als Einheit bzw. eingespieltes Team, das den Alltag mit viel Routine abwickelte. Nicht zuletzt profitierten ganz offensichtlich alle Kinder von der großen Vielfalt, die sich aus Sandras Teilhabe ergab. Diese Eindrücke machten ihnen Mut, sich auf Sandras schulische Integration einzulassen.

In den Sommermonaten vor Schuleintritt erhielt Sandra eine PEG-Sonde[3] zur Nahrungsaufnahme.

---

3 Eine PEG-Sonde dient der künstlichen Ernährung direkt über den Magen-Darm-Trakt. Dabei wird mithilfe eines endoskopischen Eingriffs (perkutane endoskopische Gastrostomie = PEG) ein künstlicher Zugang zum Magen geschaffen.

Claudia Müller

Rahmenbedingungen in der Schule und Organisation des Unterrichts

„Ich glaube, sie war immer überall dabei.
Ich kann mich nicht erinnern, dass wir sie jemals irgendwo zurückgelassen
haben." (Mitschülerin)

Sandra besuchte eine Integrationsklasse der Volksschule Wiener Neudorf in Niederösterreich. Dort unterrichteten zwei Lehrerinnen: Susanne Preinsperger, eine Volksschullehrerin, und Claudia Müller, eine Sonderschullehrerin. Beide hatten bereits mehrjährige gemeinsame Erfahrung mit der Arbeit in Integrationsklassen. Für Sandra wurde von der Gemeinde Wiener Neudorf eine eigene Stützkraft angestellt. In den ersten drei Schuljahren war dies Doris Stift, im vierten Schuljahr Marika Haider.

Sandras Klasse besuchten insgesamt 21 Kinder, zwölf Mädchen und elf Jungen. 17 Kinder wurden nach dem Lehrplan der Volksschule unterrichtet, zwei Kinder nach dem Lehrplan der Allgemeinen Sonderschule und zwei Kinder nach dem Lehrplan der Sonderschule für Kinder mit erhöhtem Förderbedarf sowie nach Prinzipien der Basalen Stimulation. Für Sandras individuelle Förderung stand stundenweise zusätzlich ein an den Klassenraum angrenzender Mehrzweckraum, der auch als Schulküche genutzt wurde, zur Verfügung (in allen Texten als Küche bezeichnet). Ab dem zweiten Schuljahr stand da auch, durch eine Kastenwand optisch abgetrennt, ein Pflegebett für Sandra. Hier war Raum für erforderliche Pflegehandlungen und Angebote der ganzkörperlichen Hautstimulation. Dort fand auch die von der Logopädin empfohlene Stimulation der Mundhöhle in Form von Zähne putzen sowie die Essenseinnahme statt, wenn Sandra dafür Ruhe benötigte. Selbstverständlich wurden diese zusätzlichen Angebote der Basalen Stimulation erst nach Absprache mit Sandras Mutter sowie den betreuenden Therapeutinnen und ÄrztInnen durchgeführt.

Planung und Vorbereitung des Unterrichts

Das Motto der beiden Klassenlehrerinnen lautete: „Wir machen alle das Gleiche, aber nicht immer dasselbe." Um diesem Grundsatz gerecht zu werden, planten sie den Unterricht grundsätzlich gemeinsam und nach dem Lehrplan der Volksschule. Dabei wurden stets die Bedürfnisse aller Kinder mitgedacht. Differenzierungen nach den verschiedenen Lehrplänen der Sonderschule waren die Aufgabe der Sonderpädagogin. Besonderer Wert wurde auf die möglichst aktive Teilhabe aller Kinder und die gemeinsame Erarbeitung von Inhalten gelegt. Sowohl die Ausbildung in Montessori-Pädagogik beider Lehrerinnen als auch die reichhaltige Materialausstattung der Schule waren dabei von großem Nutzen. In der Klasse fanden Schulbücher verschiedener Lehrplananforderungen Verwendung. Um in den einzelnen Gegenständen möglichst zum selben Thema arbeiten zu können, wurden die zusammenpassenden Seiten oder Passagen aus den Büchern ausgesucht und den individuellen Bedürfnissen der Kinder entsprechend angepasst. Dasselbe Prinzip wurde beim Einsatz und bei der Gestaltung von Arbeitsblättern angewandt.

Die Hausübung für den Volksschullehrplan stand immer an der Tafel, für den Lehrplan der Allgemeinen Sonderschule gab es individuelle Hausübungspläne, die mit Übungen entweder bereits Erlerntes festigten oder auch auf neue Themen vorbereiteten. Dies erleichterte den Schülerinnen mit ASO-Lehrplan die Teilhabe an der Erarbeitung im täglich stattfindenden Sitzkreis. Für Sandra und Teresa, einem Mädchen mit Down-Syndrom, das ebenfalls nach dem Lehrplan der Sonderschule für Kinder mit erhöhtem Förderbedarf unterrichtet wurde, gab es das sogenannte Plauderheft. Es diente der Kommunikation mit den Eltern, da die Kinder nicht selbst berichten konnten.

Unterrichtsplanung für Sandra

Für Sandra wurde täglich neu überlegt, was vom allgemeinen Angebot zu ihrer aktuellen Tagesverfassung passte und woran sie teilhaben konnte. Dafür waren die täglichen Absprachen mit ihrer Mutter besonders wichtig. Außerdem gab es für Sandra einen von Claudia Müller entworfenen Wochenplan[1] mit verschiedenen Aktivitäten aus der Basalen Stimulation, die im Laufe der Woche durchgeführt wurden. Dazu zählten die Einnahme verschiedener Sitz- und Liegepositionen, unterschiedliche Formen der oralen und akustischen Stimulation sowie gezielte Hand- und Fußstimulation. Da die Küche stundenweise für Sandra alleine zur Verfügung stand, konnten mit Einverständnis ihrer Mutter Stimulationen der Haut und des Mundraums durchgeführt werden, die in den Protokollen und im Wochenplan als Waschen und Zähne putzen bezeichnet werden.

Sandra erhielt Sondennahrung, allerdings wurde ihr diese immer nur von ihrer Mutter und nie in der Schule verabreicht. Eine Ausnahme stellte die Projektwoche in der dritten Klasse dar. Dafür wurden die Betreuerin und die Sonderpädagogin von Sandras Mutter eingeschult.

---

1 Siehe das Beispiel für diese Listen inkl. Notizen auf S. 23 und 24.

Sandra   28 .Woche

11. 03 - 15. 03. 02

	Mo	Di	Mi	Do	Fr
Bauchlage	X		x	X	
Muschelsack	X				
Schlaf					
Waschen: Hände	X	X	X	X	X
Füße					
Gesicht	X	X	X	X	X
Haare					
Ganzkörperw.					
Orale Stimulation:					
Zahnfleischmassage					
Saugen					
Zähne putzen	X	X	X	X	X
Handstimulation:					
Rasierschaum					
Körner	X				
Schreiben , Ölkreide	X				X
Fußstimulation:					
Massage		X	X	X	
Sonstiges:					
Akustische Stimulation:					
Glocken					
Gitarre					
Lied /ORFF- Instr.		X	X		
Kassette					
Löffelmahlzeiten	2	2	2	2	2
Therapien:					
Physiotherapie				X	
Ergotherapie				X	X
Schwimmen					
Eislaufen					

Abb. 1: Ausgefüllter Wochenplan der 28. Schulwoche vom März 2002

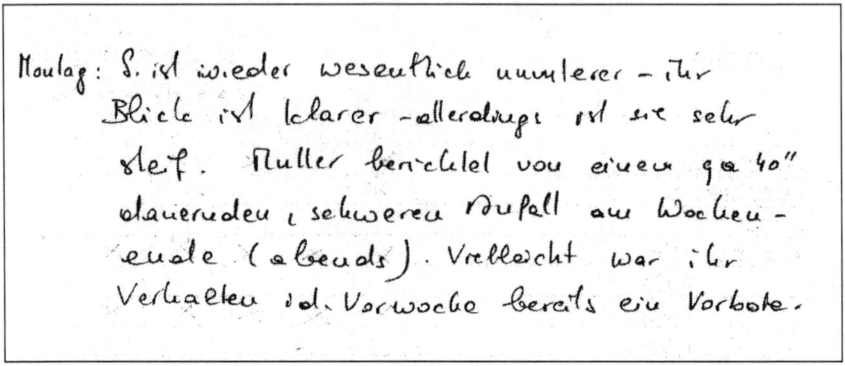

> Montag: S. ist wieder wesentlich munterer - ihr
> Blick ist klarer - allerdings ist sie sehr
> tief. Mutter berichtet von einem ga 40"
> dauernden, schweren Anfall am Wochen-
> ende (abends). Vielleicht war ihr
> Verhalten id. Vorwoche bereits ein Vorbote.

Abb. 2: Ergänzende Notizen zum ausgefüllten Wochenplan der 28. Schulwoche vom März 2002

Ausstattung für Sandra

In der Klasse gab es verschiedene Möbel speziell für Sandra: Ihr Rollsessel bzw. später ihr Rollstuhl und ein Pflegebett in der Schulküche. Alle anderen Möbel konnten von allen Kindern benutzt werden, wenn Sandra sie gerade nicht benötigte: ein für Sandra von SchülerInnen der Höheren Technischen Lehranstalt Mödling speziell angefertigter Stuhl (siehe den ausführlichen Bericht dazu ab Seite 53), ein erhöhtes Podest, auf dem Sandra ausgestreckt liegen konnte und das in der Klasse auch als Leseecke fungierte, ein Hängesack, ein großer Schaumgummiwürfel, der Sandra eine kniende Position ermöglichte und allen anderen Kindern als Fauteuil diente, sowie verschiedene Sitzsäcke und Pölster.

Therapie und medizinische Betreuung in der Schule

Sandra erhielt einmal wöchentlich sowohl Physio- als auch Ergotherapie von qualifizierten Therapeutinnen, die während der Unterrichtszeit in die Schule kamen. Auch Sandras Logopädin besuchte sie einmal im Jahr in der Schule. Alle Therapeutinnen waren mit den Lehrerinnen im Austausch und gaben diesen konkrete Tipps für den Alltag mit Sandra. Auch mit behandelnden ÄrztInnen hatten die Lehrerinnen immer wieder Kontakt. Diese interdisziplinäre Vernetzung erfolgte selbstverständlich immer in Absprache mit Sandras Mutter und mit deren Einverständnis.

Der Sitzkreis

Der Schultag begann mit dem Sitzkreis auf dem Teppich. Er war Treffpunkt, bot Platz für Erarbeitungen, gemeinsames Erleben, Feiern, Singen und den Klassenrat. Während alle Kinder auf dem Teppich saßen, gab es für Sandra verschiedene

Lagerungsmöglichkeiten wie den Sitzsack, den Schaumgummiwürfel oder einfach die Sitzunterstützung durch einen Erwachsenen.

Im Sitzkreis wurden auch die Arbeitsaufträge besprochen, die dieser Tag bringen würde. An der Tafel gab es dazu Symbole zur Orientierung:

Rote Wolken: Diese Arbeiten musst du heute erledigen.

Blaue Wolken: Diese Arbeiten kannst du heute erledigen.

Herz: Wähle aus dem Angebot der Regale oder der Wochenaufgaben.

Beim Inhalt der Wolken wurde nach Lehrplänen differenziert. Während die Kinder mit Volksschullehrplan die Seitenangaben für Aufträge aus Schulbüchern an der Tafel fanden, gab es diese für Kinder mit anderen Lehrplänen auf ihren Plätzen. Dennoch waren die Wolken für alle Orientierung: „Die rote Mathe-Wolke habe ich schon erledigt."

Stationenbetrieb und Projekte waren stets so organisiert, dass die Teilhabe für alle Kinder gegeben war. Dafür gab es differenziertes Materialangebot und differenzierte Arbeitsaufträge. Bei Bedarf wurden alle Kinder von den Lehrerinnen unterstützt oder halfen einander gegenseitig.

Individuelle Arbeitsphase

Die individuelle Arbeitsphase umfasste täglich eineinhalb bis zwei Unterrichtseinheiten, in denen die Kinder ihre Arbeitsaufträge in freier Reihenfolge, an selbstgewählten Orten, mit selbstgewähltem Material und in Einzel- oder Partnerarbeit erledigten. In dieser Zeit fand auch gezielte Einzelbetreuung statt.

Den großen Überblick hatte meistens die Volksschullehrerin, während die Sonderpädagogin mit Kleingruppen oder einzelnen Kindern arbeitete. Manchmal tauschten sie ihre Rollen oder setzten in zwei Kleingruppen Angebote. Alle Kinder konnten Unterstützung von beiden Lehrerinnen sowie von Sandras Stützkraft erhalten. Es profitieren eben wirklich alle von einem inklusiven Setting.

Während dieser Arbeitsphase war Zeit für Sandras individuelle Angebote sowie für Physio- oder Ergotherapie. Die basalen Angebote wurden abwechselnd von der Sonderpädagogin oder von Sandras Stützkraft durchgeführt.

Freiarbeit

Ein- bis zweimal pro Woche gab es Freiarbeit nach Montessori-Prinzipien, d. h. die Kinder konnten sowohl Arbeit als auch Material und Ort frei wählen. Im Anschluss daran berichteten sie im Sitzkreis, zu welchen Themen sie womit gearbeitet hatten, und stellten Ergebnisse oder Produkte vor.

Religion, Musik, Werken, Bildnerische Erziehung, Sport und Bewegung

fand für alle Kinder gemeinsam statt. Gelegentlich erhielt Sandra während einer Turnstunde Therapie, aber im Allgemeinen hatte sie gerade im Turnsaal besonders viel Spaß. Sie liebte es, dort auf Matten zu liegen und die Vibrationen und Geräusche der Kinder zu fühlen und zu hören, wenn diese sich bewegten. Bei Stationenbetrieben oder Bewegungsbaustellen wurden immer für Sandra Massage- oder Schaukelstationen eingebaut, die auch alle anderen gerne mochten.

Lehrausgänge, Wandertage, Projektwoche

Lehrausgänge und Wandertage wurden so geplant, dass die Teilnahme für alle möglich war. Dabei halfen die Mütter von Sandra und Teresa mit, indem sie v. a. den Transport der beiden Mädchen im Auto übernahmen. Wenn es Sandra aktuell zu anstrengend war, an einem Lehrausgang oder einer Wanderung teilzunehmen, blieb sie – nach Rücksprache mit der Mutter – mit ihrer Betreuerin in der Schule. Am Ende des dritten Schuljahres verbrachte die Klasse eine Projektwoche auf einer Alm in der Steiermark. Sie hatten dort ein Haus für sich: Im unteren Stockwerk gab es den Aufenthaltsraum, das Matratzenlager und die Waschräume. Im oberen Stock war eine Ferienwohnung für die Erwachsenen (drei Lehrerinnen, eine Stützkraft) und Sandra. Ihre Teilnahme war mit den betreuenden ÄrztInnen abgesprochen, die auch eine Genehmigung erteilten, dass Sandra die nötigen Medikamente von den Lehrerinnen oder der Stützkraft verabreicht werden durften. Für Notfälle gab es Kontakt zum Krankenhaus in Bad Aussee.

Die Rekonstruktion von Sandras Schuljahren

Die Geschichte von Sandras Inklusion in der Volksschule Wiener Neudorf wurde zwölf Jahre nach Beendigung ihrer Schulzeit verfasst bzw. rekonstruiert. Die wichtigste Grundlage dafür waren Verlaufsaufzeichnungen und Notizen, die Claudia Müller während ihrer Arbeit gemacht hatte. Diese Aufzeichnungen lagen handschriftlich vor und waren zeitlich an einzelnen Schulwochen orientiert (vgl. die Faksimile auf S. 24 und 28). Sie wurden in einem ersten Schritt wörtlich transkribiert und chronologisch den entsprechenden Monaten zugeordnet. In einem zweiten Schritt wurden die Texte sprachlich überarbeitet und vereinheitlicht, wobei vor allem eine gute Lesbarkeit im Vordergrund stand. Inhaltlich kam es nur dort zu Streichungen, wo private Informationen über Sandras Familie notiert waren, die nicht deren Schulbesuch betrafen. Alle Texte wurden Sandras Mutter vorgelegt, die ihr Einverständnis zur Verwendung und Veröffentlichung gab.

In Ergänzung zu diesen Verlaufsaufzeichnungen gaben folgende Personen in ausführlichen Gesprächen bzw. Interviews Auskunft:

- Doris Stift, die in den ersten drei Schuljahren Sandras Stützkraft war. Sie wird in den Texten als Doris bezeichnet.
- Gerda Sigmund, die Sandra vor und während ihrer Volksschulzeit als Physiotherapeutin begleitete. Sie wird in den Texten als Physiotherapeutin bezeichnet.
- Pia-Maria Stowasser, die Sandra vor und während ihrer Volksschulzeit als Logopädin betreute. Sie wird in den Texten als Logopädin bezeichnet.

Darüber hinaus wurde mit folgenden sieben ehemaligen MitschülerInnen ein Fokusgruppengespräch über ihre gemeinsame Schulzeit mit Sandra geführt: Clemens Artner, Christina Boos-Waldeck, Teresa Marousek, Daniela Mayrhofer, Katharina Stift, Georg Weiss und Corinna Zinkl. Sie werden in den Texten über Sandras Schulzeit als Mitschülerin bzw. Mitschüler bezeichnet.

Von allen Gesprächen wurden entweder Transkriptionen von Tonbandaufzeichnungen oder inhaltliche Zusammenfassungen auf der Grundlage von Gesprächsnotizen gemacht. Diese wurden den Interviewten mit der Bitte um Korrekturen und Ergänzungen vorgelegt, alle gaben ihr Einverständnis zur Weiterverwendung im Buch.

Ausgewählte Passagen aus den genannten Gesprächen wurden an geeigneten Stellen in die Verlaufsaufzeichnungen eingefügt, um Sandras Schulgeschichte erweitert und vertieft zu erzählen. Durch die vielfältigen, an einigen Stellen sehr persönlichen Erinnerungen und Reflexionen über das Leben, Lernen und Arbeiten mit Sandra ist trotz der großen zeitlichen Distanz eine dichte und authentische Schilderung entstanden. Einige Fotos runden die Darstellung ab.

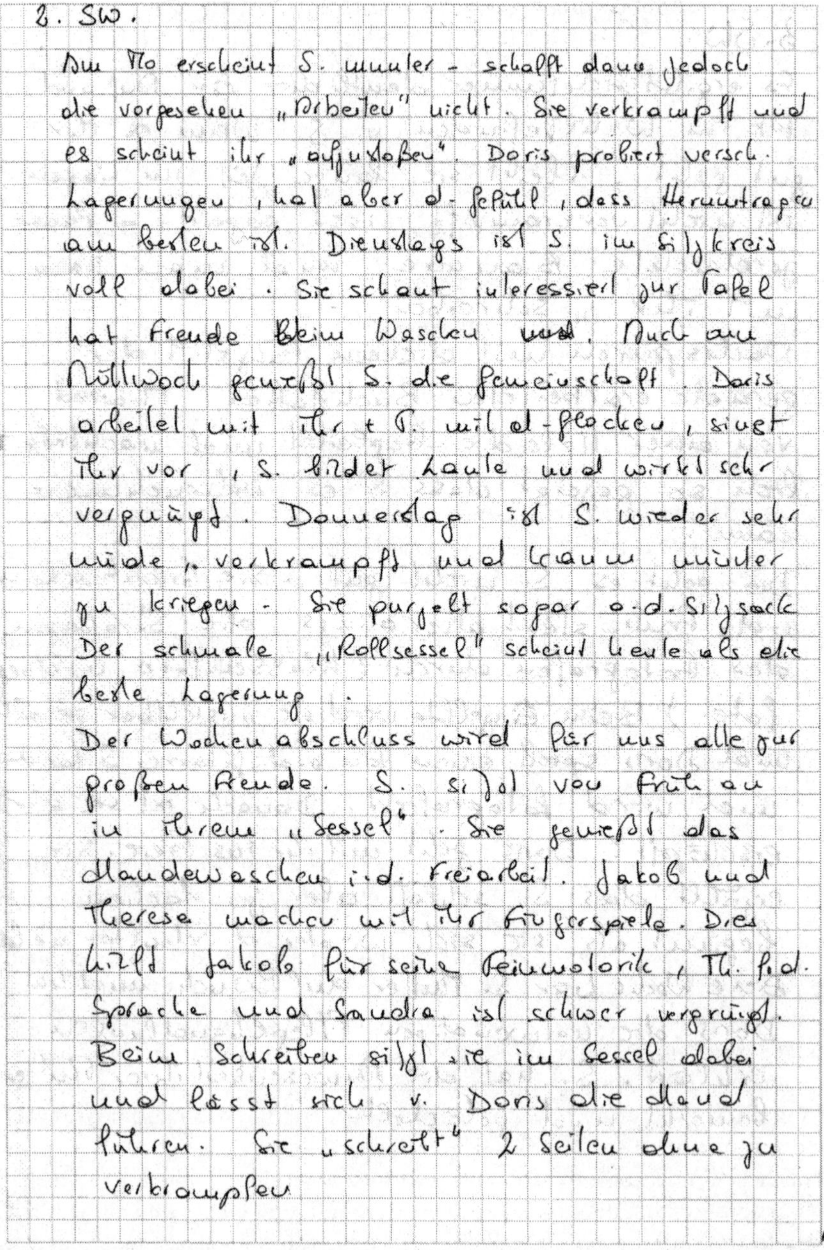

2. SW.

Am Mo erscheint S. munter - schafft dann jedoch die vorgesehen „Arbeiten" nicht. Sie verkrampft und es scheint ihr „aufzustoßen". Doris probiert versch. Lagerungen, hat aber d. Gefühl, dass Herumtragen am besten ist. Dienstags ist S. im Sitzkreis voll dabei. Sie schaut interessiert zur Tafel hat Freude beim Waschen. Auch am Mittwoch genießt S. die Gemeinschaft. Doris arbeitet mit ihr + T. mit d.-flecken, singt ihr vor, S. bildet Laute und wirkt sehr vergnügt. Donnerstag ist S. wieder sehr müde, verkrampft und kaum munter zu kriegen - Sie purzelt sogar a.d. Sitzsack Der schmale „Rollsessel" scheint heute als die beste Lagerung.

Der Wochenabschluss wird für uns alle zur großen Freude. S. sitzt von Früh an in ihrem „Sessel". Sie genießt das Händewaschen i.d. Freiarbeit. Jakob und Theresa machen mit ihr Fingerspiele. Dies hält Jakob für seine Feinmotorik, Th. f.d. Sprache und Sandra ist schwer vergnügt. Beim Schreiben sitzt sie im Sessel dabei und lässt sich v. Doris die Hand führen. Sie „schreibt" 2 Seiten ohne zu verkrampfen

Abb. 3: Claudia Müllers Aufzeichnungen über Sandra in der zweiten Schulwoche, September 1999

Sandras erstes Schuljahr

September 1999

1. Schulwoche

Die Kinder begrüßen Sandra jeden Tag freudig. Manche getrauen sich immer näher an sie heran. Jakob, Thomas, Wolfgang und Teresa sind bereits „Profihelfer" geworden.

> Die Kinder haben immer wieder mitgeholfen, bei allem, außer bei den intimen Pflegehandlungen. Manchmal haben sie auch für sie gesprochen.
>
> Doris

Sandras Podest in der Leseecke, die nahe dem Sitzkreis ist, wird schnell Treffpunkt: Sandra liegt auf dem Podest, und rund um sie sitzen die Kinder und genießen die Gemütlichkeit und Wärme, die Doris ausstrahlt.
Doris versucht, mit Sandra zu „schreiben", dabei sitzt Sandra auf Doris' Schoß und Doris versucht, ihre Hand zu führen, aber es gelingt nicht. Sandra ist müde und nicht sehr glücklich, wenn sie gelagert wird. Als sie im Turnsaal mit den Kindern in ihrem Rollwagen herumfahren kann, lacht sie.

Foto 4: Sandra mit ihrem Sitzsack im Sitzkreis

Wir haben den Eindruck, dass Sandra Flüssigkeit braucht. Doris erzählt jedoch, dass Sandra große Schluckschwierigkeiten hat und sich trotz geringster Mengen verschluckt.

Wir haben einen Sitzsack gekauft und Sandra kann jetzt im Sitzkreis mit dabei sein. Sie dürfte einen nach oben hinten gehenden Blickwinkel haben. Wenn ein Kind bei ihr sitzt, strahlt sie.

> Wie sie den Sitzsack bekommen hat, wo sie draufliegen konnte, das war für sie sehr entspannend. Wenn ich hinter ihr gesessen bin und ihr den Rücken massiert habe, während die Kinder gesungen oder geredet haben, hat Sandra immer den Kopf nach hinten gedreht, sobald ich aufgehört habe. Sie hat bewusst Zeichen gegeben, was sie möchte.
>
> Doris

2. Schulwoche

Am Montag erscheint Sandra munter, sie schafft dann jedoch die von uns für sie vorgesehenen „Arbeiten" nicht. Sie verkrampft und es scheint ihr nicht zu gefallen. Doris probiert verschiedene Lagerungen, hat aber das Gefühl, dass Herumtragen am besten ist.

Am Dienstag ist Sandra im Sitzkreis „voll dabei". Sie schaut interessiert zur Tafel und hat Freude beim Händewaschen. Dazu verwendet Doris eine große Waschschüssel mit warmem Seifenschaum.

> Ich hatte schon vorher einmal ein Kind mit sehr basalen Bedürfnissen im Kindergarten, insofern waren mir die Tätigkeiten mit Sandra nicht ganz neu, z. B. das Händewaschen und Händerubbeln. Sandra hat sich im Wasser sehr gut entspannt. Sie hatte den Daumen immer in der Hand verkrampft, aber im Wasser hat sie die Hände entspannt und die Faust geöffnet. Das war auch die einzige Möglichkeit, ihr die Handfläche und die Finger zu reinigen. Sie mochte es gerne, wenn die Hände entspannt waren, diese auch massiert oder abgerubbelt zu bekommen. Im Gesicht mochte sie das auch gerne.
>
> Doris

Auch am Mittwoch genießt Sandra die Gemeinschaft. Doris arbeitet mit ihr und Teresa mit den Montessori-Glocken und singt ihr vor. Sandra bildet Laute und wirkt sehr vergnügt.

Am Donnerstag ist Sandra wieder sehr müde und verkrampft und kaum wach zu kriegen. Sie purzelt sogar aus dem Sitzsack. Der schmale Rollsessel scheint heute die beste Lagerung zu sein.

Der Wochenabschluss wird für uns alle zur großen Freude. Sandra sitzt von Früh an in ihrem Sessel. Sie genießt das Händewaschen in der Freiarbeit. Jakob und Teresa machen mit ihr Fingerspiele. Dies hilft Jakob für seine Feinmotorik (ein sehr begabter Schüler), Teresa (Mädchen mit Down-Syndrom) für die Sprechmotorik und Sandra ist schwer vergnügt!

Beim Schreiben sitzt Sandra im Sessel dabei und lässt sich von Doris die Hand führen. Sie schreibt zwei Seiten mit Doris' Unterstützung, ohne zu verkrampfen.

3. Schulwoche

Es ergibt sich immer deutlicher ein Auf und Ab im Wohlbefinden von Sandra. Wenn es ihr gut geht, bleibt sie lange Zeit im Wagen, ist nicht verkrampft, isst sogar in der Pause zerdrückte Banane und man kann mit ihr „schreiben". Das geht diesmal so: Nachspuren der gerade erarbeiteten Buchstaben mit dickem Filzstift. Dazu summt Doris eine Melodie. Das fertige Blatt hebt Doris in die Höhe, sodass Sandra es mit den Augen wahrnehmen kann.

> Es hat Tage gegeben, wo es ihr schlecht gegangen ist. Das hat man in der Früh sofort gespürt, dass es ein Tag wird, wo sie Ruhe genießt und alleine sein möchte. Das war dann auch notwendig an diesen Tagen, aber solche Tage waren in den ersten drei Jahren bei mir nicht oft.
>
> Doris

Am Donnerstag geht es Sandra nicht gut. Sie bricht schon in der Früh, steht allerdings die Strapazen mit dem Schulfotografen durch. Beim Einzelfoto wird sie so gehalten, dass die haltende Person nicht sichtbar ist, Doris sitzt in der Nähe und spielt einige Töne auf der Gitarre. Sandra lacht und wird fotografiert. Danach ist sie allerdings sehr erschöpft. Doris geht mit ihr ins Freie. Sie erzählt, dass Sandra schläft, aber zu lachen beginnt, als sie sich wieder dem Schultor nähern.

Diese Woche war Sandras Mutter zu Besuch und hat Doris die notwendigen Pflegehandlungen erklärt. Sandra hat die Anwesenheit ihrer Mutter bemerkt und gelächelt.

4. Schulwoche

Sandra hatte auch diese Woche Hochs und Tiefs, aber sie war nie extrem müde. Sie war immer in der Klasse, hat mit den Kindern zerdrückte Banane gejausnet[1]. Wir haben entdeckt, dass Sandra es genießt, zeitweise am Bauch auf dem Sitzsack zu liegen. Auf diese Weise schaut sie Bücher an und kann, zwar nicht selbständig, aber mit unserer Unterstützung ihre Arme einsetzen. Am Freitag hat sie abwechselnd mit Teresa drei Blätter mit Fingerfarben bedruckt.

Teresa muntert Sandra mit ihren Fingerspielen so auf, dass diese kirrt. Dabei lacht Sandra ausdauernd und mit Ton. Wir verstehen das als Ausdruck direkter Kommunikation.

---

1 Jause ist hier eine Zwischenmahlzeit.

Sandra genießt es, in der Früh von den Kindern begrüßt zu werden. Sie wirkt richtig neugierig.

> Es hat Kinder gegeben, die sie immer in der Früh gesucht haben, die sie begrüßt haben und bei ihr gesessen sind. Wenn Sandra begrüßt wurde, hat sie mit Lachen und Strahlen geantwortet. Sie hat sich gefreut, in die Schule zu kommen, ganz sicher.
>
> Doris

In der Turnstunde ist Sandra mit dabei. Die Kinder beziehen sie bei den Laufspielen mit ein: Sandra liegt in der Mitte des Turnsaals auf einer Matte, die Kinder laufen und springen um sie herum. Das Vibrieren des Bodens und die Laufgeräusche der Kinder mag Sandra besonders gerne. Manchmal schieben die Kinder auch ihren Rollstuhl bei Laufspielen.

Oktober 1999

5. Schulwoche

Sandra war auch diese Woche fast die ganze Zeit in der Klasse. Nur die Stunden am Montag und am Freitag, wo die Therapeutinnen (Physio- und Ergotherapie) da waren, war sie mit ihnen in der Küche. Die Therapeutinnen waren sehr begeistert von Sandras Fortschritten.

Am Mittwoch hat Sandra viel gebrochen und war sehr müde. Sie hat diese Woche einige Male laut geweint, aber bei Veränderung der Lage hat sie sich beruhigt. Bauchlage schätzt sie sehr. Doris hat neben Händewaschen auch Reisbäder (in einer mit rohem Reis gefüllten Schüssel) mit ihren Händen gemacht.

> Beim Händewaschen bin ich meistens in der Klasse geblieben. Ich hatte eine Schüssel mit warmem Wasser und ließ zuerst nur ein paar Tropfen auf Sandras Hände, dann ließ ich es über die Hände rinnen und dann immer weiter hinauf bis zum Ellbogen. Wenn sie entspannt waren, haben wir sie mit dem Waschlappen viel gerubbelt, auch zwischen den Fingern. Dann konnte sie auch Dinge mit den Händen tun, z. B. im Sand schreiben.
>
> Doris

Sandra „schreibt" mit Fingerfarben. Kartonstreifen als Schreibblatt sind dafür praktisch, weil sie sich nicht verschieben.

Sandras Mutter meint, die Ärztin habe gesagt, Sandras Hüften müssten eingegipst, wenn nicht sogar operiert werden. Hüftschmerzen dürften der Grund für das Weinen sein.

6. Schulwoche

Doris hat von der Physiotherapeutin gelernt, wie man Sandra so „über die Knie lagert", dass sie den Kopf hebt und für ihre Verhältnisse sehr aktiv wird. Sie liebt es dabei, einen von Doris genähten Muschelsack am Kopf zu haben und fallen zu hören.

> Die Physiotherapeutin war toll, sie hat mir sehr viel gezeigt, wie man etwas machen kann, z. B. Handgriffe oder Lagerungen oder bei der Pflege. Es war toll, dass sie in die Schule gekommen ist und dass ich dann in der Schule die Dinge mit Sandra machen konnte.
>
> Doris

Sandra vermittelt uns allen den Eindruck, dass sie uns erkennt und sich richtig auf die Schule freut. Auch wenn sie sich zeitweise nicht wohl fühlt, lässt sie sich durch die Kinder aufmuntern. Sandra nimmt sehr aktiv Kontakt zu Teresa auf.
Besonders toll war der Sitzkreis am Montag. Wir haben das „O" erarbeitet und im Sitzkreis Orangen zum Riechen herumgegeben. Sandra war begeistert. Sie hat anschließend in der Pause richtig Appetit gezeigt. Geruchseindrücke dürften auch ein Zugang zu ihr sein. Wir haben Sandra dann beim Geschmacks-Kim[2] alle Obstsorten angeboten und sie hat gekostet.
Den Mittwoch hat Sandra bis zur letzten Stunde total verschlafen. Dann war sie bereit zur Arbeit.

7. Schulwoche

Wir feiern Sandras Geburtstag mit Schwimmkerzen in einer großen silbernen Waschschüssel und einem von uns aus der Montessori-Pädagogik übernommenen und abgewandelten Ritual, mit der Sonne in der Mitte des Sitzkreises. Gleichzeitig ist „S-Sonne"-Buchstaben-Tag. Sandra scheint ihr Fest sehr zu genießen. Sie liegt in Bauchlage und wirkt glücklich und aufmerksam. Der anhaltende Laut „Sssss" bringt sie zum Lachen, regt sie zum Essen an und dies hält drei Tage vor!

> Wir sind ja immer im Sitzkreis gesessen und haben gesungen. Das Sonnenschein-Regen-Lied oder so ähnlich. Wir haben was mit Sonnenschein gesungen, das hat ihr so gefallen.
>
> Mitschülerin

Bei der Physiotherapie in der Klasse ist Sandra sehr aktiv. Florian, ein Schüler der 4. Klasse, der in dieser Stunde Freistunde hat und bei uns in der Klasse ist, klopft mit den Patschen, Sandra hebt den Kopf und lacht laut. Bei der Ergotherapie in der Klasse arbeitet sie nicht gut mit. Sie sollte Formen aus Holz, die in einen

---

2 Ein Spiel zur gustatorischen Wahrnehmung.

Würfel geworfen werden, mit den Augen fixieren. Dies gelingt ihr nicht. Die Ergotherapeutin ist nicht sehr zufrieden.

Im Turnsaal legen wir Sandra über ein paar zusammengerollte Matten in Bauchlage, das gefällt ihr sehr. Der Hit ist aber, sie am Schoß zu halten und im Sitzen mit ihr auf dem Trampolin zu hüpfen.

8. Schulwoche

Sandra wirkt vergnügt. Ich glaube, sie freut sich echt auf die Schule mit den Kindern und den vielen Ablenkungen. Teresa ist allerdings nicht da, und ich bilde mir ein, Sandra merkt das.

Sie ist diesmal in der Physiotherapie verkrampft und erst gegen Ende der Stunde gelingt es der Therapeutin, Sandra in eine entspannte Sitzhaltung mit Kopfheben zu bringen.

> Ich begann meine Arbeit mit Sandra als selbständige Physiotherapeutin direkt nach ihrem Spitalsaufenthalt. Die Überweisung zur Physiotherapie hatte Sandras Mutter vom Spital erhalten. In den ersten Jahren arbeitete ich mit Sandra daheim, dann im Kindergarten und schließlich in der Schule. Insgesamt habe ich Sandra fast zehn Jahre lang therapeutisch begleitet – bis zum Ende ihrer Volksschulzeit.
>
> Bei Sandras Physiotherapie ging es nicht nur um Beweglichkeit, sondern vor allem auch um das Nachbahnen von Funktionen, die sie vor ihrer Beeinträchtigung bereits beherrscht hatte. Kontaktaufnahme, aktives Greifen und die Aufrichtung waren wichtige Ziele, aber Letzteres konnte Sandra ebenso wie Umdrehen nicht mehr erreichen.
>
> In puncto Physiotherapie wurde bei Sandra nichts verabsäumt.
>
> Physiotherapeutin

In der Ergotherapie dürfte es wieder nicht besonders geklappt haben.

Sandra hat in den letzten zwei Wochen nicht gebrochen, allerdings war sie am Freitag sehr müde. Wir haben sie dann in der Küche bequem gelagert und Doris hat ihr vorgesungen. In der vierten Stunde war Sandra wieder munter für Religion.

November 1999

9. Schulwoche

Diese Woche gab es bei Sandra wieder einen starken Wechsel zwischen großer Aktivität einerseits – besonders im Sitzkreis in der Bauchlage – und Müdigkeit andererseits, die so weit ging, dass sie sich nicht wecken ließ. Allerdings wirkt Sandra beim Schlafen entspannt und ist nach solchen Phasen wieder aktiv.

Wir haben Sandra in der Turnstunde auf eine Matte gelagert und eine Stunde lang massiert: Doris Beine und Fußsohlen, ich den Rücken.

Am Freitag haben wir Sandra Mandarinensaft auf die Finger geträufelt und ihr die Hand zum Mund geführt. Sie hat zuerst leicht in die Finger gebissen, dann eifrig daran geleckt.

10. Schulwoche

Wir haben aus dem großen Sitzsack zwei gemacht: einen zum Sitzen und einen für die Bauchlage, der weniger stark gefüllt und so besser anpassbar ist. Außerdem hat Sandra jetzt einen dicken Polster für den Boden. Sie „probiert" ihn gleich aus und ist in der Physiotherapie aktiv und kooperativ.

Am Montag probieren wir, Sandra eine Banane in die Hand zu geben, und führen ihr diese zum Mund. Sie kostet davon.

Am Dienstag üben wir mit ihr Aufsetzen aus der Rückenlage und den Kopf aktiv mitzunehmen.

In der letzten Stunde ist Sandra so locker und entkrampft, dass Doris mit ihr zeichnet. Mittwoch, Donnerstag und Freitag ist Sandra für Untersuchungen ihrer Hüften in der Klinik.

11. Schulwoche

Sandra freut sich sichtlich, dass sie wieder in der Schule ist. Sie ist zwar müde, aber sie lacht und kirrt im Sitzkreis.

Die ganze Woche erscheint Sandra müde und trotzdem schläft sie nur selten. Sie möchte mit dabei sein!

Die Ärzte waren mit Sandras EEG zufrieden, gegen die Schmerzen in den Hüften soll sie Botulinusspritzen bekommen.

Während der ganzen Woche genießt Sandra es, entweder auf Doris' Schoß zu sitzen oder in der Bauchlage zu sein. In dieser Woche war keine Therapie.

In der Turnstunde haben wir Sandra wieder massiert, sie wurde jedoch nicht wirklich locker.

12. Schulwoche

Am Montag ist Sandra so müde, dass sie ihren Kopf nicht halten kann. Trotzdem möchte sie überall dabei sein und hat auch Therapie.

Am Dienstag ist sie wieder munterer. In der letzten Stunde schaffen Doris und ich es, sie eine ganze Stunde zu massieren und zu strecken. Doris streckt ihre Beine und erzählt ganz leise im Plauderton dazu. Ich turne mit ihren Armen und Sandra scheint es zu genießen.

Am Donnerstag gehen wir eislaufen. Die Kinder und Doris schieben Sandras Wagen über das Eis. Allerdings war sie gegen Ende des Eislauftages müde. Doris hat in der Garderobe mit ihr gekuschelt und dabei bemerkt, dass Sandra nass ist. Auch am Freitag hatte sie nasse Windeln. Das ist für uns neu. Wir müssen ihre Mutter fragen, ob sie ihr mehr Flüssigkeit gibt – das wäre sicher positiv!
Wir haben alle drei das Gefühl, dass Sandra diese Schulwoche wieder sehr genossen hat.

Dezember 1999

13. Schulwoche

Am Montag freut sich Sandra sehr, uns alle wiederzusehen. Sie hat ganz klare Augen und wir meinen, dass sie uns sieht, nicht nur hört. Ihre Wachheit hat sich durch die Woche gezogen, allerdings im krassen Wechsel zu starker Müdigkeit. So hat sie am Dienstag die Religionsstunde voll genossen, vorher und nachher nur geschlafen.
Tageweise waren ihre Hände sehr locker. Doris hat das gleich ausgenützt für Händewaschen, Fingerspiele und Massage. Gleichzeitig waren aber Sandras Beine steif. In der Physiotherapie war Sandra aktiv und gut gelaunt.
Wir müssen sie jetzt öfter wickeln, da sie häufig schon in der Früh nass ist.
Am Mittwoch hat Sandra eine ganze Orange ausgesaugt. Wir haben ihr auch Brotrindenstücke zum Kauen angeboten. Sandra mag Orangen und Mandarinen, sie findet auch Brotkauen recht lustig und lacht, wenn Brotbrösel sie im Hals kitzeln. Natürlich beobachten wir sie dabei ganz genau, dass sie sich nicht verschluckt. Banane mag sie nicht mehr.

14. Schulwoche

Sandra ist gut drauf. Am Montag ist ihr Oberkörper locker und sie macht mit Doris Fingerspiele.
Am Dienstag schreibt sie mit Doris liegende 8er mit Kreide, sowohl mit den Händen als auch mit den Füßen.

> Vor allem in der ersten Klasse konnte sie viel mit den anderen Kindern mitmachen. Die Kinder haben z. B. in den Sand geschrieben und wir haben Sandras Hand massiert, die sich dann geöffnet hat, und sie hat dann auch Buchstaben in den Sand geschrieben. Für mich war das Tolle, dass das das Gleiche war. Claudia war es immer wichtig, dass Sandra ein altersgerechtes Angebot bekommt, also z. B. keine Babylieder, sondern die Lieder, die andere Kinder in ihrem Alter angeboten bekommen. Oder Geschichten. Ich hatte das Gefühl, dass Sandra das auch so will.
>
> Doris

Immer wieder können wir Sandra in eine aufrechte Sitzposition bringen und ihr den Kopf so halten, dass sie im Sitzkreis zuschauen kann. Sie liebt die Weihnachtsstimmung mit Liedern und Kerzen.

Am Freitag war die Logopädin bei uns. Wir haben besprochen, dass wir Sandra das Mittagessen zukünftig in der Schule zubereiten werden. Wir haben gleich mit Sandras Mutter gesprochen und sie ist mit unseren Essensplänen sehr einverstanden. Sie wird uns die Zutaten bringen, und wir bereiten das Essen frisch zu. Doris wird versuchen, Sandra das Essen in kleinsten Portionen mit dem Löffel zu geben.

Tipps von der Logopädin: Brotrinde auf die Zähne legen, sodass man sie von außen festhalten kann und Sandra draufbeißt.

Flüssigkeit mit Aga-Aga[3] verdicken und Sandra diese gallertartige Flüssigkeit in kleinsten Mengen auf die Zunge geben. Beim Einatmen saugt sie dann die verdickte Flüssigkeit ein. Man muss sehr vorsichtig sein, dass Sandra sich nicht verschluckt, aber es ist eine gute Stimulation von Mundhöhle und Zunge.

Alle Tätigkeiten vorher ankündigen, z. B. „Ich werde dich jetzt umdrehen …"

> Sandra kam einmal pro Woche ins Ambulatorium Märzstraße zur Logopädie. Mir war es immer wichtig, für Sandra Situationen zu schaffen, in denen sie etwas bewirken konnte. Da das Essen aufgrund eines massiven Zungenstoßes, also einer kraftvollen Bewegung der Zunge nach vorne, sehr schwierig war, versuchte ich, essen und schlucken anzubahnen. Bei einer gewissen Konsistenz der Speisen ging das Schlucken besser. In der Therapiestunde war es mir wichtig, feine, auch ganz kleine Kommunikationssignale aufzunehmen und ihnen eine Bedeutung zu geben. Ich hatte das Gefühl, dass Sandra sehr gerne gekommen ist.
>
> Für mich war es eine große Unterstützung, dass Sandra in die Schule kam, weil ich mein Wissen gut weitergeben konnte. Mir war es wichtig, ein- oder zweimal im Jahr in die Schule zu kommen, um zu sehen, wo Sandra in die Schule geht und um mit den Lehrerinnen zu sprechen. Ich gab ihnen Tipps für das Halten von Sandra, für das Essen und für die Zahnpflege.
>
> Logopädin

Doris hat allerdings die Erfahrung gemacht, dass Sandra viel besser isst, wenn man gar nichts dazu sagt. Wenn sie isst, isst sie.

15. Schulwoche

Keine Aufzeichnungen.

---

3 Verdickungsmittel für Flüssigkeiten.

16. Schulwoche

Wir haben begonnen, Sandra eine Mittagsmahlzeit zu geben. Doris beginnt daher schon um halb neun Uhr mit der Jause. Um elf Uhr werden die Vorbereitungen für das Mittagessen begonnen. Es klappt gut!

> Die Jause haben wir in der Küche gekocht, das habe ich mit ihr gemacht. Dann sind wir in die Klasse gegangen und ich habe ihr dort das Essen gegeben. Die ersten Male sind wir noch in der Küche geblieben, weil das Essen mit dem Mund für sie ungewohnt war. Sie musste es erst lernen, mit dem Löffel in Kontakt zu kommen. Aber sie hat vom ersten Mal an viel gegessen. Die Logopädin hat uns Tipps gegeben, wie wir das mit dem Löffel und den Lippen machen sollen. Natürlich ist es uns darum gegangen, dass sie etwas isst, weil sie so zart war. Es ging auch viel um die Schluckbewegung, und den Mund zu schließen. Sie mochte starke Gewürze und starke Gerüche. Das Essen-Geben war für mich ein besonderer Moment. Beim Essen war ein Naheverhältnis da, bei dem sie auch richtig mitgetan hat. Als würde sie spüren, dass wir es gut mit ihr meinen.
>
> Doris

Sandra genießt die Woche vor Weihnachten, da in der Aula die vierte Klasse für ihre Projektpräsentation und wir für unsere Weihnachtsfeier proben. Überall ist Musik, es duftet und die Kerzen flackern. All das liebt Sandra!

Weihnachtsferien

Jänner 2000

19. Schulwoche

Sandra begrüßt uns nach den Weihnachtsferien mit einem strahlenden Lächeln. Sie freut sich im Sitzkreis und lacht laut, als sie bemerkt, dass alle wieder da sind. Am Eislauftag ist Sandra sehr müde, möglicherweise weil sie am Vortag geimpft wurde. Zuerst sind wir nicht sicher, ob wir sie mitnehmen sollen, doch dann probieren wir es. Ihre Mutter bringt sie mit dem Auto zum Eislaufplatz und holt sie auch ab. Sandra genießt nach anfänglichem Schlaf plötzlich die frische Luft und hat so noch echtes Vergnügen. Die Kinder rollen sie in ihrem Wagen über das Eis.

> Ich kann mich besonders daran erinnern, dass wir gemeinsam eislaufen waren und dass wir Sandra im Rollstuhl mitgeschoben haben. Sie war immer mit uns eislaufen, sie hat nicht am Rand gewartet, sondern war immer live dabei.
>
> Mitschülerin

Die Ergotherapeutin hat diese Woche wieder mit Sandra gearbeitet und gemeint, dass sie aus ergotherapeutischer Sicht austherapiert ist. Die Bewegung Hand zu Mund aus eigener Kraft sei nicht erlernbar. Sie möchte die verbleibenden Stunden mit Stimulation der Handflächen arbeiten.

Sandra ist in dieser Woche weder in der Küche noch in der Leseecke gelegen. Man hat das Gefühl, dass es ihr sehr wichtig ist, dabei zu sein. Sie genießt die Geborgenheit auf Doris' Schoß und die vielen Zuwendungen, die sie durch Doris bekommt. Sie vermisst diese Nähe, wenn sie länger im Wagen sitzt, und beginnt sie einzufordern. Ich finde, all dies deutet darauf hin, dass Sandra sehr bewusst mit uns lebt.

> Ich mag es gerne, wenn es nahe ist, und Sandra hat das auch sehr genossen. Sie hatte Haltungen, die sie gerne mochte. Natürlich auch mit den Hilfsmitteln, aber z. B. auch beim Tragen, so eine Art Babyhaltung, die hat sie besonders gerne mögen, ich glaube, dass dann ihr Rücken entlastet war. Das Kuscheln hat sie gerne mögen. Sie hat den kuschelnden Kontakt zu mir sehr gesucht, sich oft direkt zu mir gedreht und sich an mich gekuschelt. Oder auf dem Bauch auf meinen Beinen liegen, das mochte sie auch sehr gerne.
>
> Doris

Doris bemerkt, dass es Sandra sehr gut tut, wenn sie ihr die Jause schon in der Früh um halb neun gibt. Sandra hat in der Früh immer Verdauungsprobleme, die sie durch Aufstoßen, Erbrechen oder das Verziehen des Gesichts ausdrückt. Diese Symptome werden besser, wenn Sandra etwas gegessen hat.

20. Schulwoche

Sandra ist krank und kommt die ganze Woche nicht in die Schule.

21. Schulwoche

Sandra ist bis Donnerstag krank. Dann ist sie noch müde und sehr verschleimt. Trotzdem freut sie sich, dabei zu sein. Sie jammert so lange, bis wir die richtige Lagerung für sie finden, das ist die Bauchlage. Dann ist sie zufrieden, hebt den Kopf und lacht. Sie hört, auf Doris' Schoß sitzend, aufmerksam und lange bei der Arbeit mit den Montessori-Glocken zu.

Die Logopädin bringt Aga-Aga und getrocknete Apfelspalten. Daran lutscht Sandra ausgiebig, verzieht dabei allerdings das Gesicht.

22. Schulwoche

Keine Aufzeichnungen.

Februar 2000

23. Schulwoche

Semesterferien

24. Schulwoche

Sandra ist nach den Semesterferien zwar noch immer verschleimt, scheint sich aber sehr auf die Schule zu freuen. Wir machen mit ihr ein Fußbad und sie genießt es in vollen Zügen. Doris wäscht ihr diese Woche öfter die Hände und macht Bürstenmassage. Sandras Hände sind dann viel lockerer und entspannter.

> Tolle Momente habe ich bei Massagen mit ihr erlebt, wenn man so richtig gemerkt hat, sie hat sich auf etwas eingelassen, es entspannt sie total, sie hat die Finger geöffnet. Ich hatte dann das Gefühl, dass sie etwas zurückgibt. Das war nicht nur bloßer Hautkontakt, das war ein richtiges Aufnehmen, auch ein Kontakt aufnehmen.
>
> Doris

Sandra liebt alle wilden Bewegungen, die wir mit ihr – selbstverständlich sehr behutsam – durchführen, wie z. B. Aufstampfen mit den Beinen, Klatschen, Drehen und Rütteln. Da kann sie vor Vergnügen laut jauchzen.

Doris hat beim Essen-Geben schon richtige Rituale entwickelt. Sandra genießt das Geräusch des Umrührens, den Geruch der Speisen. Dann gibt es ein Sprüchlein: „Wir reichen uns die Hände nach guter alter Sitt‘ und wünschen uns zum Essen guten Appetit!" Sandra mag stark gewürzte Speisen. Sie „verkutzt" sich manchmal, das Kitzeln im Hals findet sie ausgesprochen lustig. Es kommt zu keinen kritischen Momenten. Wenn das Essen zu trocken ist, gibt ihr Doris aus einem speziell für Sandra zugeschnittenen Pappbecher Wasser in den Mund. Sandra dankt mit zufriedenem Gesichtsausdruck.

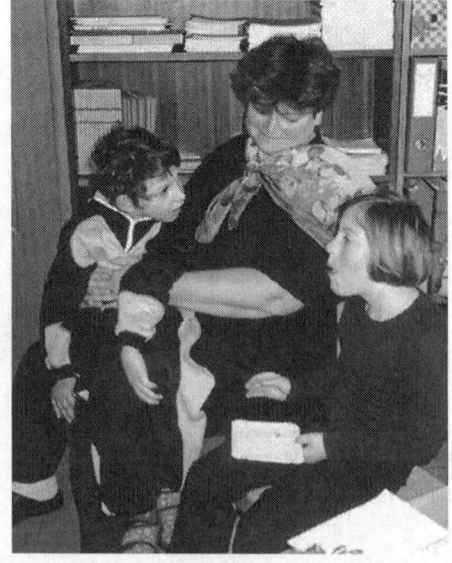

Foto 5: Sandra, Doris und Teresa

In der Früh signalisiert sie uns bereits Hunger, indem sie mit der Zunge schleckt. Doris gibt ihr gleich nach dem Sitzkreis eine Mahlzeit. Sandra erbricht jetzt nicht mehr. Sie war die ganze Woche aktiv und uns erscheint sie immer kontaktfreudiger.

25. Schulwoche

Am Montag hat Sandra einen echten Spitzentag. Es beginnt mit Füße- und Händewaschen und mit Zähneputzen. Nach einer guten Jause schafft es die Physiotherapeutin in der Therapie, Sandra so zu lockern, dass sie von hinten abgestützt auf einem Stockerl sitzt und Florians Bewegungen mit dem Kopf folgt. Schließlich steht sie mit Hilfe der Physiotherapeutin und Doris kurz aufrecht. Darüber sind wir alle sehr glücklich!

> Die Auslagerung der Physiotherapie von daheim zuerst in den Kindergarten und dann in die Schule brachte für meine Arbeit mit Sandra viele Vorteile. Einerseits war die räumliche Ausstattung vielfältiger, andererseits ergaben sich viele Situationen, in denen therapeutische Übungen in sinnvolle soziale Zusammenhänge gebracht werden konnten. Wenn ich sie z. B. in eine aufrechte Sitzhaltung brachte, dann war es für sie außerordentlich motivierend, wenn Kinder mit ihr kommunizierten und Interaktionsangebote machten. Die Übung machte für Sandra dann einfach viel mehr Sinn und mir erleichterte es die therapeutische Arbeit.
>
> Physiotherapeutin

Auch am Dienstag isst Sandra ausgiebig, arbeitet mit Rasierschaum und sitzt aufrecht im Sitzsack. Dann kommt die Ruhephase, die für uns jedes Mal enttäuschend ist. Mittwoch schläft Sandra, wirkt dabei aber entspannt.
Am Donnerstag ist Sandra auch noch sehr müde, bleibt aber wach. Sie liegt in Bauchlage und spielt mit Teresa Tastdomino. Teresa führt dabei Sandras Finger über die Tastflächen.

> Wir haben viel mit Teresa gemeinsam gemacht. Wenn Teresa etwas gemacht hat, hat Sandra auch mitgemacht. So hat es Teresa lieber gemacht und Sandra hatte etwas zum Lachen. Bei Teresa hat sie immer gestrahlt.
>
> Doris

Am Freitag ist Sandra wieder wach. Sie bekommt noch ein Fußbad, Bürstenmassage und isst sogar mit leichten Kaubewegungen ein Stück Banane.

März 2000

26. Schulwoche

Sandra mag es sehr gerne, wenn sie im Sitzkreis richtig sitzt. Das gelingt, wenn Doris sie vor sich auf einen kleinen Sessel setzt und von hinten hält oder wenn ich hinter ihr am kleinen Sitzsack sitze.

Diese Woche haben wir einen sogenannten Schönheitstag in der Küche gemacht. Doris hat Sandra am ganzen Körper mit dem Waschlappen und duftendem Seifenwasser abgerieben und massiert. Sandra hat diese fast zwei Stunden dauernde Aktion sehr genossen. Das anschließende Zähneputzen[4] war für Doris noch schwierig. Wir müssen da noch weitere Versuche machen, eventuell etwas zum Draufbeißen, damit Sandras Mund offen bleibt, sie beißt sonst sofort zu.

Am Donnerstag hätte Sandra die Botulinusspritzen für die Hüften bekommen sollen. Sie hat sich so gefürchtet, dass die Behandlung verschoben wurde. Jetzt ist der Spritzentermin für 20.3.2000 angesetzt.

Das Essen funktioniert weiter gut. Doris meint, dass Sandra den ganz normalen Metalllöffel lieber hat als den Plastiklöffel, weil sie damit mehr spürt.

Der Hängesitzsack ist jetzt in der Küche montiert. Sandra mag Drehbewegungen besonders gerne. Auch alle anderen Kinder finden den Sitzsack lustig, allerdings ist die Hängevorrichtung aufgrund der Deckenkonstruktion nicht ideal.

27. Schulwoche

Wir wiederholen den Schönheitstag. Das ist für Doris zwar anstrengend, aber Sandra genießt es. Doris wäscht sie mit dem Waschlappen und stimuliert die Haut dann mit einer weichen Bürste. All das findet in der Küche statt.

Diese Woche hat Sandra auch den neuen Hängesitzsack in der Küche genossen, obwohl es nicht einfach ist, sie richtig hineinzulegen.

Schwierigkeiten gibt es beim Zähneputzen. Sandra weint danach. Vielleicht hat sie Zahnweh?

Am Donnerstag hat Sandra einen Spitzentag. Sie ist total aktiv, liegt lange auf dem Bauch, hält den Kopf, lacht und arbeitet mit Papierkonfettis. Sie geht mit den Augen mit.

Wir haben Kontakt mit den Basalen Förderklassen in Wien[5] aufgenommen. Am nächsten Dienstag werden wir alle drei (Susi, Doris, Claudia) in einer Klasse hospitieren.

---

4 Empfehlung der Logopädin.
5 Basale Förderklassen in Wien: http://www.wienersozialdienste.at/unsere-dienstleistungen/foerderung-und-begleitung/basale-foerderklassen-schule.html

Derzeit sieht Sandra gut aus. Wir glauben, dass sie zugenommen hat. Sie signalisiert mit Jammern eindeutig, wenn sie etwas möchte. Wir reagieren sofort darauf, um den Vorgang zu mechanisieren.

28. Schulwoche

Wir haben in einer basalen Klasse in Wien hospitiert und festgestellt, dass wir mit der Betreuung von Sandra ganz richtig liegen.
Sandra hat am Dienstag die Botulinusspritze bekommen. Doris meint, sie sei jetzt noch schwerer zu tragen. Anfänglich war Sandra noch müde, doch ist sie gegen Ende der Woche immer aktiver geworden. Wir haben festgestellt, dass ihr Rücken viel entspannter ist. Er scheint ihr nicht mehr so weh zu tun, und sie liegt derzeit gerne am Rücken. Allerdings hält sie im Sitzen den Kopf schlechter.
Am Freitag war wieder Schönheitstag. Sandra hat das gefallen, und nach der großen Waschung haben wir sie in Seitenlage auf die Matratze gelegt. Doris und ich haben aufgeräumt und sind dabei aus Sandras Blickfeld entschwunden. Da kam die Belohnung von Sandra: Sie hat sich mit dem Oberkörper auf den Bauch gedreht, den Kopf ganz weit gehoben und uns gesucht – Hurra!

29. Schulwoche

Diese Woche waren wir bestrebt, mit der veränderten körperlichen Situation von Sandra nach der Spritze umzugehen. Sie mag es jetzt ganz gerne, wenn sie auf dem Rücken liegt. Bei der Physiotherapie schafft sie das sogar ganz ausgestreckt auf der Matte. Ihre Hände sind viel lockerer und sie hat die Daumen meist aus der Faust gelöst. Das linke Bein ist immer noch verkrampft, obwohl Doris meint, dass das Wickeln viel leichter geht. Sandra versucht jetzt öfter, den Oberkörper von der Seitenlage in die Bauchlage bis zum Umdrehen zu bringen. Es gelingt ihr immer besser.

> ,, Als Bobath-Therapeutin versuchte ich immer, Impulse bzw. Signale von Sandra aufzunehmen und zu unterstützen. Intensiver Augenkontakt war mir immer sehr wichtig. Wenn ich z. B. den Eindruck hatte, sie wolle sich aufsetzen oder umdrehen, dann unterstützte ich diese Bewegungen. Ich nützte ihre Aufmerksamkeit und ihre Befindlichkeit für verschiedene Positionierungen, z. B. Sitzen mit Anlehnen oder die Bauchlage zum Heben des Kopfes.
>
> Physiotherapeutin

Doris hat eine neue Methode entdeckt, um Sandra Flüssigkeit zuzuführen. Sie legt Sandra auf den Rücken (das wäre vor der Botulinusspritze nicht möglich gewesen), tropft ihr mit einer Spritze einen Schluck in den Mund und hebt dann Sandras Kopf leicht an, um so den Schluckreflex auszulösen.

Wir wollen nächste Woche viel Wert auf das Teetrinken legen.
Wir stimulieren Sandras Hände ganz besonders mit Waschen, Bürsten und Impulsen zur Greifanbahnung.

30. Schulwoche

Diese Woche waren Teresa und Wolfgang krank, wir hatten also viel Zeit für Sandra. Schönheitstag in der Küche mag Sandra gerne. Danach ist sie sehr entspannt. Wir haben ihr diesmal auch die Haare gewaschen, das hat ihr sehr gefallen. Besonders der Rosenduft des Haarshampoons. Zahnpflege gelingt jetzt, indem wir Sandra auf dem Sitzsack in Bauchlage bringen. Ich halte ihren Kopf, während Doris sanft putzt. Sandra spuckt dann aus.
Wir haben Sandra jeden Tag bis zu zwei Tassen ungesüßten Früchtetee gegeben. Wenn man zu Sandra sagt „Schau auf deine Doris!", dreht sie den Kopf zu ihr. Sie versucht immer wieder sich umzudrehen und es gelingt ihr auch.

April 2000

31. Schulwoche

Sandra ist im Allgemeinen müder als vor der Spritze. Wir haben in dieser Woche viel Wert auf das Teetrinken gelegt und Sandra hat bis zu einem halben Liter pro Vormittag geschafft. Sie gurgelt dabei und findet das sehr lustig. Beim Essen spuckt sie Doris immer wieder von oben bis unten an und findet auch das sehr lustig.
Sie hatte diese Woche sowohl Physiotherapie als auch Ergotherapie. Die Ergotherapeutin war jetzt öfters bei Sandra zuhause. Sie hat eine Kollegin mitgebracht, die ihr einige Dinge wie Einengen, also eine starke Stimulation der Arme, gezeigt hat. Doris macht diese Übungen jetzt auch mit Sandra und die Ergotherapeutin sieht jetzt wieder einen guten Weg für ihre Arbeit.

Mai 2000

35. Schulwoche

Sandra freut sich, uns nach den Osterferien zu sehen. Sie wirkt sehr müde und trotzdem lacht sie laut, als sie unsere Stimmen erkennt.
Diese Woche stehen wieder Waschen und Zahnpflege auf dem Programm. Das Essen-Geben ist schwieriger, Sandra braucht zwei Tage, bis sie ordentlich schluckt. Sie hat (gefühlsmäßig) abgenommen, wiegt jetzt 20 kg.

Wir nahmen Sandra mit uns ins Schwimmbad. Die Schwimmlehrerin, Frau Kriechbaum, hat die Erlaubnis bewirkt, dass wir mit Sandra in Zukunft ins Entspannungsbecken dürfen. Wir brauchen allerdings noch Infos und die Erlaubnis des behandelnden Arztes wegen der Magensonde.

Am Freitag ist Sandra sehr erschrocken. Nach dem Schwimmunterricht war Doris mit ihr in der, neben der Klasse gelegenen, Küche und hat ihr das Essen gegeben. Wir hatten die Kinder der vierten Klasse für Englisch in unserem Raum, während unsere Kinder Religion hatten. Bei einem Wettspiel wurde es dann sehr laut, was Sandra in der Küche hörte. Sie ist sehr erschrocken, hat geweint und war nur ganz kurz zu beruhigen. Da hat Doris sie in den Wagen gepackt und ist mit ihr zu den Kindern unserer Klasse in die Religionsstunde gefahren. Als Sandra ihre gewohnten Kinder um sich hatte, beruhigte sie sich sofort und war zufrieden.

> Im Garten war es oft so: Wenn es ihr zu viele fremde Kinder waren, dann sind Kinder von ihrer Klasse gekommen, und es war für sie wieder okay. Sie hat alle von ihrer Klasse erkannt und wahrgenommen.
>
> Doris

36. Schulwoche

Sandra ist wieder munterer. Sie kann laut lachen und isst besser.

Ein neuer Rollstuhl wird von der Krankenkasse nur zum Teil finanziert und es wird noch dauern, bis Sandra ihn bekommen kann. Sie wird dafür am Donnerstag noch einmal begutachtet.

Wir nehmen Sandra zur Sicherheitsolympiade mit. Das ist eine große Veranstaltung im Freien mit Polizei, Feuerwehr und Rettung. Schulklassen aus dem ganzen Schulbezirk nehmen daran teil, sie treten in Wettbewerben gegeneinander an und feuern einander lautstark an. Sandra hält den ganzen Vormittag durch, der Lärm macht ihr nichts aus.

Am Buchstabentag Z haben wir mit ihr mit Fingerfarben geschrieben. Ihre Hände waren locker.

37. Schulwoche

Nach mehreren Telefonaten ist es uns gelungen, einen Termin im Ambulatorium Märzstraße zu bekommen. Sandras Mutter, die Physiotherapeutin, Doris, die ärztliche Leiterin des Ambulatoriums und ich werden gemeinsam das weitere Vorgehen mit Sandra besprechen. Sandra wird bei diesem Gespräch nicht dabei sein, da die leitende Ärztin meint, dass man ja nie wissen kann, was Sandra mithört, und schließlich kann sie sich dann nicht „wehren". Sie wird also als durchaus mündig angesehen.

Die Ergotherapeutin meint, dass Sandra nie eine bewusste Greifbewegung machen wird. Sie meint, die Reaktionen sind nur reflektorisch. Wir finden, dass Sandra sehr wohl bewusst reagiert, wenn auch nur in einem äußerst eingeschränkten Rahmen. So sind unsere Meinungen doch sehr unterschiedlich. Die Ergotherapeutin wäre für eine Ganztagsunterbringung, um die Mutter zu entlasten. Sandras Mutter möchte auch nächstes Schuljahr wieder eine Betreuung in unserer Klasse.

Diese Woche war Sandra sehr vergnügt und munter, hat mit Doris im Werkunterricht sogar Speckstein geschliffen und im Sand geschrieben.

Tolle Neuheit! Der Neurologe hat mir telefonisch die Erlaubnis gegeben, dass Sandra mit uns schwimmen gehen kann. Die Magensonde wird mit einem Duschpflaster abgedeckt. Die Schwimmlehrerin hat das Erholungsbecken reserviert. Alle anderen Kinder schwimmen im Sportbecken.

38. Schulwoche

Sandra war beim EEG und es ist alles in Ordnung. Am Montag ist sie wieder sehr schlapp und hat Schwierigkeiten beim Schlucken. Am Dienstag geht es schon besser und am Mittwoch gelingt alles. Sandra ist da sehr munter und isst fleißig. Wir geben ihr Klangwürfel in die Hand und sie lässt sich die Hände zum Gesicht führen.

Am Freitag ist Sandra zum ersten Mal schwimmen. Sie hat das Duschpflaster beim Sondeneingang schon von zuhause aus drauf und wir können es nach dem Schwimmen anstandslos wieder ablösen. Sandra, Doris und ich sind eine Dreiviertelstunde im Warmwasserbecken und Sandra genießt es. Nachher ist sie total entspannt und isst voll Appetit sowohl Jause als auch Mittagessen. Die Schwimmanlage ist so toll, dass wir außer einem Handtuch nichts für Sandra brauchen.

> Sie wollte dabei sein. Beim Schwimmen z. B. bin ich beim ersten Mal mit ihr in der Schule geblieben, um ihr Ruhe zu gönnen, aber Sandra war total unruhig, das war nicht ihres. Dann sind wir mitgegangen.
>
> Doris

Doris hat sich inzwischen nach Hippotherapie erkundigt, und vielleicht gelingt es uns bis zum Herbst, Sandra auch dort unterzubringen.

39. Schulwoche

Wir haben ein rotes ☹ und ein grünes ☺ Schild gemacht. Sandra soll hinschauen, wenn sie etwas will oder nicht. Doris hält beide Schilder hin und fragt: „Willst du noch?" Wir haben das Gefühl, es funktioniert, allerdings eben nur das Gefühl. Sandra hat am Donnerstag einen tollen Tag. Schon in der Früh malt Doris mit ihr mit Fingerfarben. Dann jausnet Sandra mit viel Appetit Obst und Müsli. In der

Turnstunde ist sie voll miteinbezogen. Zuerst gibt es ein Laufspiel, wo Sandra im Wagen mitfährt, dann bauen die Kinder aus verschiedenen Geräten eine kleine Stadt. In der Mitte ist das „Kugellager" (Matte liegt auf vielen Bällen) und rund-herum gibt es dann vier Bewegungsbaustellen. Sandra liegt auf dem Kugellager und wird immer wieder von Kindern bewegt. Nach dieser Stunde ist Sandra so munter, dass sie bewusst mit den Augen fixiert.

Überhaupt hat Sandra in dieser Woche sehr oft wache Zeiten. Sie liegt viel in Bauchlage und sitzt zwei Stunden auf Jakobs Platz. Weil dort ein hoher Tisch ist, kann man Sandras Wagen gut darunter schieben. Doris schreibt und malt mit ihr mit Fingerfarben.

Juni 2000

Keine Aufzeichnungen.

Sandras zweites Schuljahr

September 2000

1. Schulwoche

Sandra strahlt am ersten Schultag. Sie erkennt uns alle wieder. Wir stellen fest, dass Sandra ziemlich gewachsen ist. Die Stützen der Sitzschale sitzen jetzt unter ihren Achseln, trotzdem hält sie es nicht lange in der Sitzschale aus. Wir wechseln Sandras Positionen ab: Sitzen auf dem Boden, Bauchlage auf dem kleinen Sitzsack, verkehrt auf dem Sessel sitzen. Der große Sitzsack ist derzeit nicht ideal, weil Sandra zu stark hineinsinkt.

Sandras Haltung ist nicht besser geworden. Die Hände wirken sehr verkrampft, überhaupt kommt sie uns viel steifer vor. Das Schlucken klappt nicht besonders gut, sie lässt die Nahrung mehr nach hinten rinnen.

Sandras Kontakt zu Teresa funktioniert wieder toll. Teresa kniet sich vor Sandra hin und beginnt auf ihre Art zu erzählen. Dabei kommt sie Sandras Gesicht ganz nahe. Teresa spricht laut und lebhaft, sie betont einzelne Silben besonders und strahlt viel Freude und Wärme aus, was ihrer Freundin sehr gefällt. Den Inhalt des Gesagten verstehen meist nur die beiden und Sandra kann sich schütteln vor Lachen.

> Sandra liebte es, unter Kindern zu sein. Da gingen ihr die Augen auf, sie war wacher und sehr dabei. Sandra hat vom Sein unter anderen Kindern sehr profitiert und ihr Lebensgefühl war dort sehr positiv.
>
> Logopädin

2. Schulwoche

Am Montag macht die Physiotherapeutin den Vorschlag, dass wir ein höhenverstellbares Bett zum Wickeln, Essen-Geben etc. anschaffen sollten. Der Schularzt hat bereits eine Verordnung geschrieben. Bis wir das Bett haben, werden wir Sandra weiterhin am dafür umfunktionierten Küchentisch versorgen.[1]

Sandra hat nach wie vor Schluckschwierigkeiten. Am Donnerstag kocht Doris mit Teresa eine Gemüsesuppe, die Sandra gut schmeckt. Sie dürfte salzige, etwas dickflüssige Nahrung gern haben.

---

1 Einige Zeit später stellt sich heraus, dass die Krankenkasse die Finanzierung ablehnt. Daher kauft die Gemeinde ein elektrisch steuerbares Krankenbett für Sandra.

Sandra braucht jetzt oft Liegephasen. Nach einem Schläfchen ist sie munter und Doris arbeitet mit ihr im Liegen. Das Nachfühlen von Tastbuchstaben hat Sandra Spaß gemacht.

Beim Schwimmen haben wir den Eindruck, dass es Sandra wirklich angenehm ist. Danach isst sie mit großem Appetit.

Nach der Physiotherapie ist Sandra wie ausgewechselt. Derzeit dürfte sie sehr unter ihren Verspannungen leiden.

> Sandra hatte oft Schmerzen und es war schwierig, diese zu differenzieren. Sie hatte eine starke Neigung zum Überstrecken und Bewegungen waren für sie teilweise nicht angenehm. Die Spasmen in den Beinen führten zu Fehlbildungen der Hüfte, was ihr wiederum Schmerzen verursachte. Der A-Schiene gegenüber verhielt sich Sandra von Beginn an ablehnend, aber eine Operation wäre für sie zu belastend gewesen. Auch die Verwendung eines Stehbretts war für Sandra aufgrund der starken Spasmen nicht durchführbar.
>
> Physiotherapeutin

3. Schulwoche

Am Montag fahren Doris und ich mit Sandra und ihrer Mutter zur Logopädie ins Ambulatorium Märzstraße. Bei unserer Ankunft ist Sandra durch die lange Autofahrt gestresst. Sie weint laut während der Wartezeit. Erst als wir endlich bei der Logopädin im Raum sind, Sandra gelagert wird und wir alleine sind, beginnt sie sich zu entspannen. Die Logopädin zeigt uns, wie sie Sandra „in die Mitte bringt", indem sie ihr die Hände am Bauch übereinander legt, dann ihre Füße nimmt und sich von Sandra „umstoßen" lässt. So bekommt Sandra das Gefühl, etwas bewirken zu können – das macht ihr große Freude. Die begleitenden Laute, die sie dabei ausstößt, werden durch Handauflegen am oberen Brustkorb und Mitvibrieren verstärkt. Trotz des sichtbaren Genusses, den Sandra während der Therapie hat, scheint uns der Stress der Hin- und Rückfahrt sehr groß.

Sandra atmet schwer, mit rasselnden Geräuschen. Ihre Mutter berichtet, dass sie Schleim erbricht. Doris geht mit ihr an die frische Luft, nachher atmet Sandra deutlich besser.

Sandra genießt die Werkstunde. Doris zerreißt mit ihr Seidenpapier, macht daraus kleine Kugeln. Dann fragen wir: „Willst du picken[2]?" Ich halte Sandra und dann wird gepickt. Die Spannung, die zwischen Frage und Geschehen aufgebaut wird, und die darauffolgende Handlung machen Sandra irren Spaß. Wir kleben eine große Blume.

---

2 Kleben.

Sandra ist diese Woche oft vergnügt. Sie arbeitet an einem Tisch, bei den anderen Kindern sitzend. Sie sitzt verkehrt über einem Kindersessel, die Beine durch die Lehne, und Doris stützt sie.

4. Schulwoche

Sitzen in ihrem Schalensitz hält Sandra nur kurze Zeit aus. Sie braucht immer wieder Liegephasen in der Leseecke, wo sie dann vergnügt ist. Auch das Sitzen verkehrt auf dem Sessel scheint ihr nur kurz angenehm zu sein. Wir haben diese Woche oft die Lagen gewechselt, sie auch in Bauchlage oder einfach auf ein Schaffell auf den Boden gelegt.
Sandra hat in dieser Woche öfter ihren klaren, fixierenden Blick. Sie isst meistens viel und schluckt gut.

> Wenn man den Sandra-Blick sieht, denkt man, der ist leer, aber der war nicht leer. Ich kann das schwer beschreiben, aber man hat so ein Glitzern gespürt: Jetzt ist sie da und jetzt ist das bei ihr angekommen und das genießt sie.
>
> Doris

Das Schwimmen ist wieder super für Sandra. Wir sind heuer im Kinderbecken. Sie erkennt sofort, wenn fremde Leute im Becken sind, und entspannt sich richtig, wenn sie unsere Kinder hört.

Oktober 2000

5. Schulwoche

Sandra ist in dieser Woche, besonders am Donnerstag und Freitag, sehr verschleimt und wirkt müde. Sie verbringt längere Ruhepausen in der Leseecke. Dazwischen kann Doris aber gut mit ihr arbeiten. Sie machen Fingerdruck und spuren liegende Achter nach.
Wir massieren Sandra immer wieder die Beine und Hände.
Doris hat bemerkt, dass Sandra es liebt, wenn sie auf dem Rücken liegt und man ihre Beine hinter den Kopf bringt – wie bei einer Rolle rückwärts.
Am Mittwoch schaukeln wir sie eine Stunde in der Hängematte im Turnsaal.
Sandra isst und schluckt in dieser Woche sehr gut.

6. Schulwoche

Am Dienstag besuchen wir im Rahmen der Ausbildung für basale Betreuung in Wien einen Kurs für orale Stimulation. Das Erlernte wenden wir gleich bei Sandra an. Die Druckpunkte für das Schlucken liegen bei ihr unter dem Kinn. Doris hat einen Massagefingerling für das Zahnfleisch gekauft. Sandra mag diese Art der Zahnfleischmassage.

Diese Woche ist Sandra oft müde und ganz steif. Dazwischen allerdings hat sie immer wieder mit Doris geschrieben und war munter im Sitzkreis dabei.

> Wir waren sehr viel in der Klasse. Wir waren immer beim Morgenkreis dabei, es war ganz selten, dass Sandra da einmal nicht dabei war. Das war auch für die Kinder wichtig. Vor allem in der ersten und zweiten Klasse ging das gut. In der dritten Klasse war das nicht mehr so, weil die Kinder schon viel längere Stillarbeitsphasen hatten. Aber auch auf Grund ihres Gesundheitszustands waren wir nicht mehr so viel in der Klasse.
>
> Doris

Beim Schwimmen friert Sandra, so ziehen wir sie nach kurzer Zeit wieder an. Das intensive Abfrottieren gefällt ihr sehr.

7. Schulwoche

Am Dienstag bekommt Sandra wieder eine Botolinusspritze. Am Mittwoch ist sie überglücklich wieder da, sitzt gut im Sitzsack und freut sich über das neue Pflegebett, das nun geliefert ist. Das Bett ist elektrisch verstellbar. Wir können sie darauf waschen, aber auch die Mahlzeiten darin abhalten. Doris empfindet das Bett als große Erleichterung. Sandras Mutter ist so begeistert davon, dass sie sich für zuhause auch ein Pflegebett anschaffen möchte.

> Drüben in der Küche hat sie ein eigenes Bett gehabt.
>
> Mitschülerin

Sandra schluckt in dieser Woche besser. Doris macht für sie täglich frisches Müsli mit Joghurt und Datteln, das riecht und schmeckt gut. Wir haben im Kurs gelernt, dass man jede Mahlzeit kosten bzw. teilen soll.

Das Schwimmen ist diesmal wieder gut. Sandra ist lange im Wasser und atmet nachher sehr tief durch, sogar durch die Nase.

8. Schulwoche

Wir warten sehnsüchtig auf den neuen Rollstuhl. Sandra hält es weder in der Sitzschale noch auf einem umgedrehten Sessel aus.

Das neue Bett bewährt sich sehr!

Sandra ist mit uns beim Ausflug nach Schönbrunn dabei. Ihre Mutter führt sie mit dem Auto hin und ist die ganze Zeit über bei ihr. Gleich zu Beginn gehen wir in das Aquarienhaus, wo es dunkel ist und es gewisse Lichteffekte gibt. Sandra ist dort nicht sehr glücklich. Bei der anschließenden Jause hat sie einen stärkeren epileptischen Anfall, aber gegen Ende des Vormittags ist sie munter und fröhlich. Leider müssen wir dann gehen.

Sandra blüht auf, wenn sie unsere Kinder hört. Sie reagiert verstört auf Geräusche, die ihr nicht vertraut bzw. fremd sind.

> Für mich war das nie komisch, dass sie in unserer Klasse war. Sie hat einfach dazugehört. Ich habe mich am Anfang geweigert, in die Integrationsklasse zu gehen. Es gab für mich keinen Grund, dass ich in diese Klasse gehe. Aber im Endeffekt war es ein Vorteil, weil der Unterricht besser war. Ich selbst habe eine geistig behinderte Cousine und ich bin damit aufgewachsen. Ich bin auch jetzt froh, dass ich in dieser Hinsicht aufgeklärt bin. Es gibt auch andere Leute, die Angst haben oder sich eher distanzieren von geistig behinderten Menschen. Ich finde, für mich war es gut.
>
> Mitschüler

Die Ergotherapeutin kommt zum ersten Mal wieder. Sandra stellt sich „tot" und kooperiert überhaupt nicht mit ihr, ganz im Gegensatz zur Physiotherapeutin.

November 2000

9. und 10. Schulwoche

Sandra ist müde und hat vermehrt Anfälle, besonders wenn sie schläft und kurz nach dem Aufwachen. Nach längeren Ausruhphasen – sie bevorzugt derzeit liegende Stellungen – kann sie aber auch richtig munter sein. Sie lässt sich dann auf Spielchen ein. Wenn man z. B. fragt: „Willst du noch einmal aufgesetzt (oder gekitzelt, gedreht, gerollt ...) werden?", genießt sie den Spannungsaufbau und lacht herzlich. Alles endet dann mit einem glücklichen Seufzer.

> Abhängig davon, ob Sandra einen guten oder einen schlechten Tag hatte, machte ich auch manchmal zehn Minuten Pause. Wenn sie sehr müde und nicht gut drauf war, nützte ich mit ihr den Extraraum, wo ein höhenverstellbares Bett zur Verfügung stand, dort konnte ich Basale Stimulation oder bestimmte Massagegriffe ausführen. Sonst waren wir meistens in der Klasse.
>
> Physiotherapeutin

Doris probiert jetzt, Sandra mit der Flasche Milch zu geben. Sandra trinkt aus der Flasche, obwohl sie noch nicht saugt. Ihrer Mutter hatte man im Spital gesagt, dass Sandra das Saugen nicht nachholen muss. Uns hat man in den Seminaren etwas anderes erzählt, und wir hoffen, dass Sandra das Saugen lernt. Unser Ziel wäre, dass die Magensonde überflüssig wird. Das Essen klappt derzeit gut.

11. Schulwoche

Sandra war in dieser Woche sehr müde, hatte Anfälle beim Einschlafen und beim Aufwachen. Das Saugen bahnen wir ganz intensiv an, und Doris probiert noch einen anderen Schnuller. Die Löffelmahlzeiten gehen gut.
Am Montag arbeitet Sandra in der Physiotherapie ganz toll mit. In Bauchlage auf dem Fell versucht sie zu rollen. Die Ergotherapie läuft nach wie vor mühsam.

> Wenn sie unruhig wurde, hat sie nicht richtig zu weinen, sondern zu raunzen begonnen. Dann wusste man, sie braucht etwas anderes. Sie konnte sehr gut deutlich machen, wenn sie etwas nicht mochte. Wenn ich z. B. mit ihr aus der Klasse gegangen bin und sie wollte das nicht, hat sie es deutlich signalisiert, und dann bin ich mit ihr zurückgegangen. Das war eindeutig zu erkennen, auch von den Geräuschen her, die sie gemacht hat.
>
> Doris

12. Schulwoche

Sandras EEG zeigt keine neuen auffälligen Veränderungen. Ihr Zustand hat sich laut dem Neurologen weiter verbessert. Trotzdem wird sie wegen ihrer Anfälle medikamentös neu eingestellt.
Sandra hat gestern eine ¾ Flasche mit dem Schnuller getrunken. Das geht sehr langsam, aber es klappt.
Sandra ist sehr aktiv bei der Physiotherapie. Sie weint immer wieder in einer gewissen Sitzstellung, und wir sind uns nicht sicher, ob die Schmerzen von den Hüften, vom Bauch oder vielleicht vom Rücken ausgehen. Die Physiotherapeutin hat Sandras Wagen neu eingestellt. Wir werden sehen, wie es ihr heute darin geht. Der neue Rollstuhl ist leider noch nicht da. Dafür arbeiten SchülerInnen der HTL Mödling in einem Projekt an einem extra für Sandras Bedürfnisse angepassten Stuhl.

Die Geschichte vom HTL-Stuhl

Sandra brauchte dringend einen passenden Stuhl, aber der Rollstuhl ließ auf sich warten. Wir hatten keine Ahnung gehabt, wie kompliziert es ist, einen passenden Rollstuhl zu bekommen. Es gab viele Wartezeiten, Amtswege, Anproben usw.
Da hatte eine Kollegin die rettende Idee: Ihr Mann, Josef Fellner, war Lehrer an der Höheren Technischen Lehranstalt (HTL) Mödling in der Abteilung Innenausbau. Der gelernte Tischler hatte erst vor kurzem ein spezielles Bett für das Kind von Freunden angefertigt. Als er von unserem Problem erfuhr, erklärte er sich sofort bereit zu helfen. Mit einem Kollegen und einer Gruppe von SchülerInnen startete er das Projekt: „Ein Stuhl für Sandra".

Foto 6: Die feierliche Übergabe des HTL-Stuhls

Es begann mit einem Besuch in unserer Klasse, um den genauen Bedarf zu erheben. So sollte die Sitzhöhe zu Schülertischen passen, die Rückenlehne relativ steil sein und die Polsterung abwaschbar. Außerdem sollte der Stuhl eine herausnehmbare Stütze für die Arme, Fußstützen und, für die Mobilität in der Klasse, Räder haben. Zuerst war Sandra sehr verunsichert, so viele fremde Menschen um sich zu haben. Auch die SchülerInnen der HTL waren merklich berührt, doch die Situation entspannte sich schnell, und es entstand Kontakt zwischen ihnen. Wir erklärten Sandra, dass sie einen neuen Stuhl bekommen würde, dafür aber Anproben nötig seien.

Beim nächsten Besuch war das Eis gebrochen: Sandra lachte und mit ihr freuten sich die Jugendlichen der HTL. Sie fertigten einen Rohling an, den wir gleich benützen konnten. Unser Direktor bemühte sich in der Zwischenzeit um Sponsoren für die Materialkosten, die HTL-SchülerInnen investierten viel Freizeit in die Herstellung des Stuhls. Mit jeder Anprobe entstand mehr Beziehung zwischen Sandra und den Jugendlichen, die mit großer Freude bei der Sache waren.

Schließlich bekamen wir einen wunderschönen und vor allem sehr zweckmäßigen Stuhl für unsere Klasse und Sandra bekam ein zusätzliches Exemplar für daheim. Wenn Sandra den Stuhl in der Schule gerade nicht brauchte, verwendeten ihn ihre KlassenkollegInnen gerne als Rückzugsort.

,, Sie hat einen eigenen Sessel gehabt, den Burschen aus der HTL für sie gemacht haben.

Mitschüler

13. Schulwoche

Sandra fehlt am Montag wegen Erbrechens.

Am Dienstag verweigert sie das Essen und bekommt um 10 Uhr einen starken epileptischen Anfall. Sandra war vorher schon steif und irgendwie verändert.

Ich mache mir Gedanken wegen Sandras träger Darmtätigkeit und frage den Schularzt. (Natürlich mit dem Einverständnis von Sandras Mutter. Er ist auch Sandras Hausarzt.) Er meint, wir sollten es wieder mit Levolac (Abführmittel) versuchen.

Nach einem Gespräch mit Sandras Mutter beschließen wir, für Sandra einen Anfallskalender zu führen. Obwohl das EEG unverändert ist, beunruhigen uns die Anfälle. Außerdem werden wir eine Liste über Ernährung und Verdauung führen, um vielleicht den Stuhlgang besser anregen zu können. Sandra hat keinen Spontanstuhl, sie bekommt jeden zweiten Tag einen Einlauf.

Wir sprechen das erste Mal über Sandras schulische Zukunft und beschließen, gemeinsam mit Sandras Mutter, die Karl-Schubert-Schule in Wien und die Dorfgemeinschaft Breitenfurt (beides anthroposophische Schulen) zu besichtigen.

Am Freitag ist wieder Anprobe für Sandras Sessel. Sandra erkennt die Leute von der HTL. Sie mustert sie und riskiert ein Lächeln. Sandra dürfte sich im Stuhl recht wohl fühlen, und wir probieren ihn bis nächsten Mittwoch aus.

Dezember 2000

14., 15. und 16. Schulwoche

Wir führen für Sandra nun einen Anfallskalender und einen Ernährungsplan. Nach einer Woche stellt sich heraus, dass wir die Sondennahrung um 14:00 Uhr streichen können, da Sandra um 12:30 Uhr eine vollwertige Mahlzeit mit dem Löffel bekommt.

Sandra erbricht das neu dosierte Anfallsmittel in der Früh immer wieder, und wir geben ihr Haferschleim zur Beruhigung. Auch Sandras Mutter kocht mittlerweile daheim Haferbrei, und Sandra isst ihn gerne.

Sandra hat täglich ein bis zwei epileptische Anfälle mit einer Dauer von 15 bis 30 Sekunden. Ich rufe den behandelnden Neurologen an, der meint, dass kein Grund zur Besorgnis besteht. Wir sollen weiter beobachten, aber Anfälle, die kürzer als eine Minute sind, seien nicht von großer Bedeutung.

Sandra spielt die Hauptrolle im Krippenspiel „das Jesulein", und sie macht ihre Sache sehr gut. Im Vergleich zum Vorjahr ist der Unterschied riesig: Damals hat sie auf Doris' Schoß mehr oder weniger geschlafen, diesmal nimmt sie trotz eines Anfalls, der während der Feier auftritt und ein paar Sekunden dauert, aktiv an der Feier teil.

” Ich habe Fotos gefunden, auf denen Sandra Teil des Krippenspiels war. Sie war das Jesuskind. Ich kann mich zwar nicht mehr erinnern, aber wie ich die Fotos gesehen habe, habe ich mir gedacht: „Ja, das war wirklich sehr nett."

Mitschülerin

Foto 7: Sandra spielt zu Weihnachten das Jesuskind in der Krippe

Leider ist Sandras Sessel zur Weiterbearbeitung wieder in der HTL. Der orthopädische Rollstuhl, der als Nachfolgemodell zur fahrbaren Sitzschale fungieren sollte, war eine Fehlkonstruktion und ist bis heute nicht fertig gestellt. Die Abwicklung mit den Kostenträgern und mit der Rehafirma ist kompliziert und dauert ewig. So haben wir nach wie vor Lagerungsprobleme und Doris hat vom vielen Heben Kreuzschmerzen.

Sandra war zur Kontrolle im orthopädischen Spital. Sie soll eine A-Schiene für die Füße bekommen, damit die Beine gespreizt werden. Sandras Mutter ist nicht begeistert, und für die Schiene ist eigentlich kein Platz in der Wohnung. Wir werden probieren, ob wir die Schiene vormittags, nach Einschulung durch die Physiotherapeutin, verwenden können.

Die Stunden in der Physiotherapie genießt Sandra. Sie arbeitet ganz aktiv mit und spürt das große Einfühlungsvermögen der Therapeutin. Nach diesen Stunden ist sie ganz entspannt.

Weihnachtsferien

Jänner 2001

19. Schulwoche

Sandra ist es in den Ferien gut gegangen. Sie freut sich wie immer sehr über die Schule, begrüßt uns alle mit Lachen und kirrt laut im Sitzkreis.
Sie bekommt täglich einen Anfall, meisten zwischen 8:00 und 9:00 Uhr. Auch in den Weihnachtsferien hat sie Anfälle gehabt.
Immer noch sind weder der Sessel von der HTL noch der Rollstuhl fertig und Doris hat weiterhin Kreuzschmerzen durch das Heben und Halten von Sandra.
In dieser Woche lassen wir Sandra nach ihrem Anfall schlafen, und das scheint ihr sehr gut zu tun. Nach ungefähr einer Stunde Schlaf ist sie vergnügt.

20. und 21. Schulwoche

Sandra ist jetzt jeden Tag kurz müde. Wir legen sie dann in die Leseecke, wo sie ca. 15 Minuten schläft. Danach ist sie meistens wieder munter. Sie hat fast täglich kleine Anfälle, die wir im Anfallskalender vermerken.
Sandra hat derzeit schlechten Mundgeruch, außerdem rasselt sie beim Atmen. In der Schule isst sie aber mit Appetit ihre zwei Mahlzeiten. Kiwi mit Kräuterstreich-käse ist derzeit ihr Hit! Vorige Woche kam zu Mittag noch Siebenkornbrei mit Karotte dazu, danach hatte sie zum ersten Mal ausgiebig und weichen Spontan-stuhl. Darüber haben wir uns alle, besonders Sandras Mutter, sehr gefreut!
Sandras Mutter gibt ihr jetzt als erste Mahlzeit einige Löffel Haferschleim, und Sandra bricht nicht mehr. Möglicherweise verarbeitet sie so das Anfallsmittel bes-ser. Ob sie deswegen kurzfristig müde ist?
Wir haben mit Sandra wieder einen „Schönheitstag" gemacht und sie hat das sehr genossen. Bürstenmassage mag sie besonders gern.

22. Schulwoche

Keine Aufzeichnungen.

Februar 2001

Semesterferien

24. Schulwoche

Sandra hatte während der Semesterferien starken Husten und Erbrechen. Sie wird derzeit nur mit Sonde ernährt. Auch die ersten Tage in der Schule hat sie Schluckprobleme bei der ersten Mahlzeit und kämpft mit dem Erbrechen von Schleim. Die Mittagsmahlzeit klappt problemlos.
Sandra hatte jetzt 14 Tage keine Anfälle mehr!
Sandra wird von Doris als Ganzkörperstimulation gewaschen und massiert, das behagt ihr unglaublich. Sandra freut sich immer uns zu hören und zu sehen.

> Wenn wir ihr den ganzen Körper gewaschen haben, dann war es klar, dass wir in den Extraraum gehen. Denn sie brauchte ja ihre Privat- und Intimsphäre. Sandra hat es sehr genossen, mit dem Waschlappen frottiert zu werden. Alles, was im Nackenbereich war, wo Falten sind, das mochte sie gerne. Auch im Gesicht. Waschen und Eincremen im Gesicht mochte sie gerne. Wenn sie es nicht mochte, hatte sie einen schlechten Tag. Auch an den Füßen mochte sie es gerne, berührt zu werden. Am Rücken mochte sie das nicht, das dürfte ihr wehgetan haben. Das haben wir natürlich respektiert. Das Waschen hat ihr gut getan, oft hat sie danach geschlafen. Richtig entspannt. Dabei habe ich auch oft begleitend gesungen, das mochte sie gerne.
>
> Doris

Ich habe mit Sandras Mutter gesprochen und sie will versuchen, in etwa einer Woche, wenn Sandra nicht mehr verschleimt ist, auch die Abendmahlzeit mit dem Löffel zu geben. Medikamente und Flüssigkeit erhält Sandra weiter mit der Sonde.
Wir haben wieder ein Gespräch mit der Rollstuhl-Firma. Am Montag ist die letzte Probe, dann soll es nur mehr eine Woche bis zur Lieferung dauern.

25. Schulwoche

Sandra hat auch diese Woche keine Anfälle. Sie ist quietschvergnügt, man hat das Gefühl, sie möchte aufspringen. Obwohl ihre Schwester Magengrippe hat, steckt sich Sandra nicht an. Sie isst gut, macht aber den Mund nicht weit auf, und daher ist das Essen-Geben für Doris schwierig.
Wir haben den Probestuhl von der HTL bekommen. Ob der Originalstuhl je gebaut wird, ist noch unklar. Sandra ist aber auch im Probestuhl sehr vergnügt.

26. Schulwoche

Sandra bekommt laut ihrer Mutter nur noch in der Früh Sondennahrung, sonst immer Löffelnahrung.

In der Schule beginnt sie schon in der Früh zu schlecken, und wir werten das als Zeichen, dass ihr Essen angenehm ist. Sie hat zwar immer noch Schluckprobleme, trotzdem isst sie unverdrossen ziemlich große Mengen. Sandra mag besonders gerne gut gewürzte Speisen.

Es gibt weiter keine Anfälle.

Sandra sitzt sehr ausdauernd im Probestuhl der HTL, und so kann Doris auch wieder mit ihr schreiben. Das tut Sandras Armmotorik gut.

Diese Woche bekommt Sandra wieder eine Ganzkörperwäsche. Doris hat einen rollenförmigen Waschlappen gekauft, und Sandra mag es gerne, wenn Doris ihr diesen über die Handfläche zieht.

> Sandra hat Rosenduft geliebt. Das war ihr Duft, da begann sie immer mit dem Kopf zu wackeln. Wir hatten z. B. ein Rosenduftshaarshampoon, an dem ich sie immer vor dem Haare-Waschen riechen ließ. Ich habe ihr Shampoon auf die Finger gegeben und dann hat sie versucht, die Finger zum Gesicht zu führen. Die Physiotherapeutin hat mir auch gezeigt, wie ich sie vor dem Haare-Waschen berühren soll, um sie z. B. auf das Haare-Waschen vorzubereiten, weil Sandra sonst vor dem Wasser erschrocken wäre. Also sollte man ihr das Wasser zuerst über die Hände rinnen lassen, dann ist das alles viel besser gegangen.
>
> Doris

Der Rollstuhl für Sandra ist immer noch nicht fertig!

März 2001

27. und 28. Schulwoche

Sandra hat wieder eine Botolinusspritze bekommen. Sie wirkt danach wie in Trance, schaut seltsam „durch alles durch". Das dauert einige Tage.

Sandras EEG ist in Ordnung und sie hat keine Anfälle mehr.

Sandra hat richtig Spaß an den Löffelmahlzeiten. Auch Zähneputzen und Zahnfleischmassage lässt sie inzwischen zu und es scheint ihr angenehm zu sein.

In diesen beiden Wochen ist alles fertig geworden – oder fast. Beim Rollstuhl fehlen die Gurten und die Sitzschale ist noch nicht ausprobiert, da die Physiotherapeutin krank ist.

Abgesehen von ihrem etwas benebelten Zustand nach der Spritze ist Sandra sehr kontaktfreudig. Sie lacht und kirrt, wenn man mit ihr spricht oder arbeitet. Ich habe sogar den Eindruck, dass sie dialogisiert.

> Es gibt schöne Erinnerungen, wo man so gespürt hat, dass es so passt. Wo man das Gefühl hatte, dass es ganz wache Momente gibt von ihr. Wo man Rückmeldungen bekommen hat von ihr, von ihren Augen, die dann wie mit Sternen gestrahlt haben. Das war toll.
>
> Doris

Ich werde Sandras Mutter in den nächsten Wochen ins SMZ Ost[3] begleiten, wo die Magensonde überprüft wird. Sandra bekommt nur noch in der Früh Sondennahrung. Ihr Mundgeruch ist wesentlich besser. Sie isst große Portionen.

29. und 30. Schulwoche

Die große Sesselübergabe der HTL findet mit einer Feier in der Aula statt. Es gibt Lieder und Geschenke und sogar die Presse ist da, um darüber zu berichten. Sandra nimmt den Stuhl sehr gut an und fühlt sich bis zu einer Stunde wohl darin.
Der Rollstuhl mit der Sitzschale ist unbrauchbar. Am 2. April gibt es ein Gespräch für Änderungen.
Sandra war in den vergangenen zwei Wochen öfters müde, dann aber wieder sehr kooperativ. Wir haben das Gefühl, dass sich Sandra immer mehr verständigt, z. B. „motzt" sie so lange, bis man sie beachtet. Das ist neu, weil sie scheinbar ein Ziel anstrebt.
Sie bekommt jetzt alle Mahlzeiten mit dem Löffel und hatte einmal wieder spontan Stuhl. Davor war sie so seltsam „in sich gekehrt". Scheinbar beschäftigen sie die Verdauungsvorgänge sehr.

April, Mai und Juni 2001

Detaillierte Aufzeichnungen über diese drei Monate fehlen, es gibt aber eine grobe Zusammenfassung:
Das Gespräch für den Rollstuhl hat stattgefunden: Der Rollstuhl bekommt einen Keil und neue Kopfstützen, auch andere Bedienungsunzulänglichkeiten sollen behoben werden. Es kommt jedoch wieder zu Verzögerungen und langen Wartezeiten.
Sandra hat nicht zugenommen, sie wiegt aktuell 22 kg. Eine Kontrolle der Magensonde im SMZ Ost verläuft positiv, die Magensonde kann ab nun vom Schul-

---

3 Das Sozialmedizinische Zentrum Ost ist ein großes Krankenhaus im Osten Wiens.

arzt kontrolliert werden und Sandra muss dafür nur noch zweimal im Jahr in die Klinik. Eine Diätassistentin erstellt für sie einen Speiseplan. Wir wiegen alle Speisen und geben alles genau an. Sandra sieht gut aus und isst mit vollem Appetit. Sie hatte mittlerweile auch schon mehrmals spontan Stuhl. Sandras betreuende Schwester im SMZ Ost, die sie seit dem Setzen der Magensonde kennt, ist auch überzeugt, dass Sandra gut aussieht. Sie findet, dass sie sich sehr verändert hat, viel aufgeweckter und erwachsener geworden ist.

Mit dem HTL-Sessel sind wir weiterhin sehr zufrieden. Sandra hält es darin bis zu einer Stunde aus.

> Sandra war auch in der Erstkommunionsvorbereitung dabei. Das habe ich ganz intensiv erlebt, weil es bei mir daheim stattgefunden hat. Die Kinder sind extra früher gekommen, weil sie sich Zeit für Sandra genommen haben. Da waren unglaublich schöne Szenen dabei. Wir haben z. B. über die Taufe gesprochen und ich habe eine Wasserschüssel mit Lichtern aufgestellt. Die Kinder haben gemerkt, dass Sandra das mag, und sind nach der Stunde noch länger geblieben, um es mit Sandra noch öfters zu wiederholen. Sie haben ihr die Hände im Wasser gebadet und die Stunde mit ihr noch einmal gemacht. Die Kinder haben auch Dinge extra für Sandra gemacht, z. B. Bilder aus Blumen und Blättern. Oder sie haben ihr Blumen und Blätter auf den Körper gelegt. Sandra hat das großen Spaß gemacht. Oder sie haben für sie eine Kerze angezündet und für sie gesungen. Diese Zeit war für mich wirklich eine besondere Zeit, weil das auch in der Freizeit war. In der Schule mussten die Kinder aus Gründen des Unterrichts manchmal aufhören, aber in der Freizeit war das einfacher. Es war den Kindern auch so wichtig, dass Sandra zur Erstkommunion geht. Es hat sie sehr interessiert, wie Sandra das macht, wie sie die Hostie schlucken kann. Der Pfarrer hat dann auch einmal gefragt: „Wie wird das funktionieren?", und die Kinder haben es ihm erklärt, wie er das tun muss.

Doris

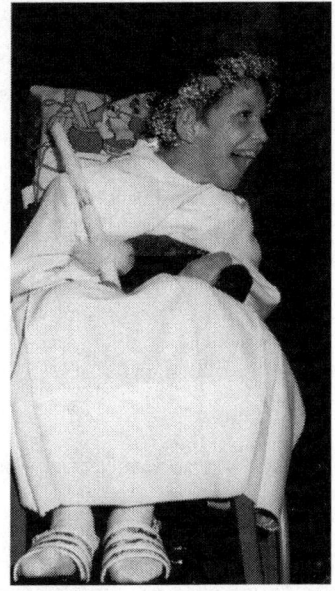

> Ich erinnere mich auch, dass sie bei der Erstkommunionsvorbereitung mit dabei war. Sie war bei jeder Vorbereitungsgruppe dabei, ich glaube, sie hat nie gefehlt.

Mitschülerin

Foto 8: Sandras Erstkommunion

Sandras drittes Schuljahr

In diesem Schuljahr stellen wir unsere Protokollaufzeichnungen um. Für alle Tätigkeiten, die nur speziell für Sandra sind, legen wir eine Liste an (siehe Faksimile auf Seite 23). Das erleichtert uns den Alltag und dient darüber hinaus als Klassenbuchaufzeichnung. In manchen Wochen gibt es dazu ergänzende Notizen.

Im ersten Halbjahr von Sandras drittem Schuljahr ist Doris öfters krank. Daher muss Sandra in dieser Zeit entweder zuhause bleiben oder hat verkürzten Unterricht, bis wir Ersatz bekommen. Auch Sandra ist oft krank. Sie wächst stark, ist anfällig für Schnupfen, der zu starker Verschleimung und Atemproblemen führt, und hat Verdauungsprobleme. Wir führen gemeinsam mit Sandras Mutter ein Ernährungsprotokoll, da das Risiko groß ist, dass Sandra untergewichtig wird. In diesem Fall muss ihr mehr Sondennahrung verabreicht werden. Wenn es ihr nicht gut geht, nimmt sie Löffelnahrung nur sehr langsam und ungern zu sich. Trotzdem bieten wir sie ihr immer an.

September 2001

Sandra erkennt uns nach den Ferien alle wieder, davon sind wir überzeugt. Während der ersten Schultage ist sie sehr müde und wir haben Schwierigkeiten, sie gut zu lagern. Sie hat eine Magenverstimmung und ihre Mutter gibt ihr sicherheitshalber Sondennahrung.

> Am wichtigsten habe ich immer das Empfangen in der Früh gefunden. Mitzuerleben, wie sie kommt, wie sie drauf ist, wie es ihrer Mama geht, um zu spüren, wie es Sandra an jedem einzelnen Tag geht. Besonders schön war auch, dass sie uns erkannt und mit einem Lächeln begrüßt hat – meistens zumindest. Sie ist meistens lethargisch im Sessel sitzend hereingekommen, dann hat sie gemerkt, sie ist da, und hat sofort aufgemacht: Sie hat die Hände auseinandergegeben, die Füße entkrampft, sich dann wieder angespannt und gelacht. Das war ihr Morgenritual, um zu sagen: „Ich bin da."
>
> Doris

Ab der dritten Schulwoche spielen sich die Mahlzeiten wieder ein und Sandra schluckt viel besser.

Sandra bekommt wieder eine Botolinusspritze und ist etwas weniger verkrampft. Trotzdem können wir sie nur noch schwer heben und lagern, nicht nur weil Sandra sehr gewachsen ist, sondern weil sie sich oft verkrampft, wenn sie hochgehoben

Foto 9: Sandra und einige ihrer MitschülerInnen im dritten Schuljahr

wird. Wir haben den Sitzsack jetzt wie einen Fauteuil zusammengebunden, da Doris Sandra im Sitzkreis nicht mehr auf dem Schoß halten kann.

Wir legen Sandra wieder öfter in Bauchlage über den kleinen Sitzsack, aber daran muss sie sich erst wieder gewöhnen. Der HTL-Stuhl ist derzeit ideal für Zähneputzen, Händewaschen und bei den Mahlzeiten.

Sandra bekommt in der Früh daheim Sondennahrung. Wir wollen jetzt als erste Mahlzeit gekochten Apfel und Haferbrei geben. Im Kurs für Basale Stimulation haben wir gelernt, dass Zähneputzen gleich in der Früh von Vorteil ist.

Oktober 2001

Sandra hat im orthopädischen Spital eine Kontrolle ihrer Hüften. Diese dürften ihr wegen der starken Spasmen große Schmerzen bereiten.

In der sechsten Schulwoche muss Sandra zuhause betreut werden, da Doris erkrankt ist und wir keinen Ersatz für sie haben. Danach beginnt der Schulalltag wieder gut zu laufen. Sandra macht wieder „schulische Arbeiten" mit unserer Hilfe, Ergotherapie und Physiotherapie erhält sie regelmäßig. Sandra nimmt täglich zwei Löffelmahlzeiten zu sich.

November 2001

Wieder ist Doris erkrankt. Wir können uns diesmal mit zwei Tagen verkürztem Unterricht von 8 bis 11 Uhr behelfen. In den folgenden Tagen kommt Maria, die Sandra schon im Kindergarten betreut hat. Das ist für uns eine große Erleichterung. Maria kennt Sandra und kann die Arbeit von Doris schnell übernehmen. So wird Sandras Teilhabe am Unterricht wieder gut möglich, aber auch ihre persönliche Betreuung kommt nicht zu kurz.

Dezember 2001

Doris ist wieder da und bis zu den Weihnachtsferien läuft alles gut.

> Sandra hat tolle Lehrerinnen gehabt. Claudia hatte ein Gespür dafür, was Teresa braucht und wie man das mit Sandra zusammenfügen kann, damit das gut wird für beide, dass Teresa Sandra was gibt und umgekehrt – auch mit anderen Kindern. Wenn es schwierige Kinder gegeben hat, haben die Lehrerinnen das oft genützt, um Möglichkeiten zu schaffen, dass die Kinder wieder „herunterkommen", sodass sie eine sinnvolle Aufgabe haben. Sie hatten ein gutes Gespür und bereiteten das auch gut vor. Sie wussten beide ganz genau, was jedes Kind braucht, wie sie das dem Kind ermöglichen können, und versuchten alles, damit alle Kinder alles miteinander erleben können. Sandra war immer dabei, das wurde immer miteingeplant.
>
> Doris

Weihnachtsferien

Jänner 2002

Sandra hat eine infektiöse Augenentzündung, die bereits in den Weihnachtsferien begonnen hat und mit Salbe behandelt wird. Daher kommt Sandra erst am Mittwoch nach den Ferien in die Schule, ist an diesem Tag jedoch relativ munter. Am Donnerstag ist sie sehr schlapp, rasselt beim Atmen und scheint wieder Anfälle zu haben. Doris geht mit Sandra, nach telefonischer Rücksprache mit deren Mutter, zum Schularzt. Dieser diagnostiziert eine leichte Lungenentzündung und verschreibt ein Antibiotikum.

In der darauffolgenden Woche ist Sandra noch sehr müde und blass. Sie ist in letzter Zeit wieder sehr steif. Am Mittwoch schläft sie bis 10 Uhr. Der Schularzt (auch Sandras Hausarzt) untersucht Sandra nochmals. Ihre Lunge ist in Ordnung, aber sie hat einen Pilz im Mund, wahrscheinlich als Folge des Antibiotikums.

Sandra „plaudert" in letzter Zeit mehr mit uns, besonders wenn man mit ihr turnt und sie rollt. Wenn ihr das Essen gut schmeckt, macht sie: „anna, anna".
In der 21. Schulwoche bekommt Sandra wieder die Botolinusspritze. Sie freut sich danach, wieder in der Schule zu sein.

Februar 2002

Wir haben ein Gespräch mit Sandras Mutter und ihrer Physiotherapeutin zur Frage der weiteren Beschulung von Sandra nach der Volksschule. Sandras Mutter interessiert sich für die Karl-Schubert-Schule, eine anthroposophische Schule für behinderte Kinder in Wien, als weiterführende Schule für Sandra. Wir werden einen Termin für einen Besuch ausmachen.
Die behandelnde Ärztin vom Ambulatorium Märzstraße überweist Sandra zum Augenarzt. Wir wissen nicht, ob und was sie sieht. Wenn man ihr in die Augen sieht, hat man das Gefühl, „in den Himmel zu schauen".

> Sandra nahm aktiv Kontakt auf und schaute manchmal nach, allerdings war unklar, wieviel sie wirklich sah. Sie konnte Gefühle wie Freude oder Schmerz ausdrücken. In Bauchlage oder im Stütz über dem Würfel konnte sie aktiv den Kopf heben, beim Aufrecht-Sitzen nur dann, wenn es einen starken, motivierenden Reiz gab.
>
> Physiotherapeutin

Die Ärztin hat den Eindruck, dass Sandra wesentlich wacher ist. Dieser Eindruck deckt sich absolut mit unserem. So glauben wir z. B. am Faschingsdienstag zu bemerken, dass sich Sandra dagegen wehrt, nach Hause zu gehen. Sie hat das Faschingsfest sehr genossen und weint, als sie um 11 Uhr abgeholt wird.
Sandras neurologische Kontrolle verläuft positiv, ihr EEG ist in Ordnung. Sandras Zähne sind behandlungsbedürftig. Der Neurologe empfiehlt eine Sanierung unter Narkose und wird sich mit einem Krankenhaus in Verbindung setzen.
In der 25. Schulwoche ist Sandra lebhaft, allerdings schwer zu lagern. Sie hält es in keiner Stellung länger aus. In der Physiotherapie ist sie besonders aktiv und wach.

März 2002

26. Schulwoche

Am Montag ist Sandra wegen der Zahnsanierung nicht in der Schule. Es stellt sich heraus, dass derzeit keine Zahnbehandlung notwendig ist, auch ihr Zahnfleisch ist in Ordnung.

Sandra schläft Dienstag und Mittwoch auffallend viel und ist nur mit starken Bewegungsreizen oder lauten Geräuschen zu wecken. Am Donnerstag erbricht sie in der Früh, dann geht es ihr sichtlich besser. Sie isst beide Löffelmahlzeiten und bleibt munter.

27. Schulwoche

Sandra ist unruhig, wir können sie im Sitzkreis nicht richtig lagern, weil sie in jeder Stellung weint. Sie erbricht oft und riecht dabei nach Medikamenten. Ihre Mutter vermutet, dass die Magensonde locker ist, am Freitag ist sie mit Sandra zur Kontrolle im Krankenhaus.
Sandra ist bis Donnerstag „irgendwie anders". Wir merken das an ihrem Blick und ihrer Art, am Geschehen teilzunehmen. Sie ist am Mittwoch bei einer neurologischen Untersuchung. Ihr ungewohntes Verhalten dürfte eine Art von leichten epileptischen Anfällen sein, die sich in geistiger Abwesenheit und Müdigkeit äußern.

> Es war auch so, dass andere Kinder Sandra gebraucht haben. Z. B. gab es einen Buben, der Wutausbrüche hatte und ziemlich aggressiv war. Er konnte sich mit Sandra total gut beruhigen. Wenn er also einen Wutausbruch hatte, ließen die Lehrerinnen diesen vorbeigehen und haben den Buben dann über Sandra wieder in die Gruppe hineingebracht. Sie haben z. B. gesagt, dass er Sandra helfen soll oder mir helfen soll, z. B. beim Umlagern. So konnte er wieder in die Gruppe hinein, von alleine wäre das nicht so gegangen. Das haben sie toll gemacht.
>
> Doris

28. Schulwoche

Sandra ist wieder wesentlich munterer, ihr Blick ist klarer, sie kann ihre Aufgaben in der Schule erfüllen. Allerdings ist sie sehr steif. Ihre Mutter berichtet uns von einem schweren Anfall am Wochenende, der 40 Sekunden dauerte. Vielleicht war ihr Verhalten in der Vorwoche bereits ein Vorbote.

29. Schulwoche

Diese Woche findet die letzte Ergotherapie statt. Die Therapeutin übernimmt eine Stelle in St. Pölten, es gibt für sie keine Nachfolge. Obwohl Sandra und die Ergotherapeutin lange Zeit nicht wirklich zueinander fanden, hat sich die Situation in letzter Zeit stark verändert. Eines Tages stellte sich Sandra wieder einmal schlafend, als sie die Ergotherapeutin kommen hörte. Ich sagte: „Du bist ein großer Schlingel! Gerade hast du mit mir gelacht und Spaß gehabt. Ich weiß, dass du dich schlafend stellst. Ich möchte, dass du mitarbeitest, wenn die Ergotherapeutin kommt!" Das hat gewirkt. Seither haben wir alle ein ganz anderes Verhältnis zueinander, die Erwachsenen und Sandra auch. Jetzt sind wir traurig, dass die Therapeutin geht.

Am Mittwoch war ich mit der Physiotherapeutin im Schaumstoffhaus in Wien. Dort wird ein Schaumgummiwürfel so zugeschnitten, dass er in der richtigen Kniehöhe von Sandra ist. In der Mitte wird ein Quader herausgeschnitten, so entsteht eine u-förmige Öffnung. Auf dem Würfel kann Sandra kniend am Teppich mitarbeiten. Ich habe einen abnehmbaren Bezug genäht, der gewaschen werden kann, und so ist alles sehr hygienisch. Die Vorlage für diesen Würfel haben wir bei der Ausbildung für Basale Stimulation bekommen.

April 2002

31. Schulwoche

Der neue Schaumgummiwürfel für die Bauchlage bewährt sich sehr. Sandra hält es in dieser Lage lange aus und wird dabei aktiv, besonders durch Kopfheben. Weniger optimal ist der Rollstuhl. Sandra hat durch einen der Haltegurten ein wundes Kinn. Wir haben ihr jetzt eine kleine Seidenrolle angefertigt, die man als Polsterung zwischen Kinn und Haltegurt legen kann.

Sandras Mutter bemüht sich im Moment um eine Reittherapie.

32. Schulwoche

Wir haben eine Besprechung mit Sandras Mutter und der Physiotherapeutin wegen notwendiger Verbesserung des Rollstuhls und einer neuen Sitzschale. Die alte wurde innerhalb eines Jahres zu klein. Leider kann der, in unseren Augen, völlig unbrauchbare Rollstuhl nicht ausgewechselt werden. Sandra kippt auf der linken Seite hinter der Nackenstütze hinaus, außerdem hat sie ständig ein wundes Kinn von den Brustgurten. Der Bandagist war sehr kooperativ. Er wird uns probeweise eine Woche einen großen Buggy borgen, damit dieser im Vergleich zum Rollstuhl ausprobiert werden kann. Außerdem werden wir für die Verbesserung des Rollis verschiedene Möglichkeiten mit Schaumgummikeilen probieren. Ich besorge einen Schaumgummiteil, der Bandagist wird ihn entsprechend ausfräsen.

> Manchmal war ich mit ihr im Klostergarten spazieren, dort gab es verschiedene Kräuter. Die haben wir uns geholt, ich habe ihr die Kräuter unter die Nase gehalten und ihr die Finger damit eingerieben. Das mochte sie total gern.
>
> Doris

34. Schulwoche.

Sandra ist bei der Rollstuhlprobe.
Die Logopädin kommt zu einem Beratungsgespräch in die Schule. Sie nimmt sich zweieinhalb Stunden Zeit, und wir tauschen unsere Beobachtungen über Sandras Fortschritte aus. Sie gibt uns viele praktische Tipps. Die Logopädin berichtet über ihre Arbeit während der Logopädie-Stunde mit Sandra, in der sie unter anderem deren eigene Geschichte aufarbeitet. Sie rät uns, besonderen Wert auf Sandras Selbstbestimmung zu legen mit Fragen wie: „Soll ich das noch einmal machen ...?"

Mai 2002

Wir bereiten uns auf die Projektwoche auf der Blaa-Alm vor. Dafür haben wir eine Besprechung mit Sandras Mutter über Pflegemaßnahmen und Medikamente. Wir stellen eine Einpackliste zusammen und bestellen ein Notfall-Medikament für epileptische Anfälle.

37. Schulwoche

Sandras Mutter zeigt Doris und mir den Umgang mit der Magensonde. Wir führen das Sondieren auch unter ihrer Aufsicht selbst durch.
Sandra ist sehr müde. Am Mittwoch bekommt sie im AKH wieder eine Botolinusspritze, am Freitag ist sie zur Rollstuhlanprobe, da dieser wieder einmal angepasst werden muss.

38. Schulwoche

Wir haben den Buggy zum Ausprobieren bekommen. Wir sind recht begeistert davon und Sandra scheint sich darin wohl zu fühlen. Sie wirkt entspannt und hält auch längere Spaziergänge darin aus.
Sandra ist entspannt und isst mit Appetit.
Wir bereiten alle Medikamente, den Arztbrief und Notfallmedikamente für die Projektwoche vor.

39. Schulwoche

Projektwoche auf der Blaa-Alm
Sandra hat die Busfahrt größtenteils verschlafen. Wir haben ein ganzes Haus für uns. Die Erwachsenen und Sandra schlafen oben in einer Ferienwohnung, die anderen Kinder unten im Matratzenlager. In der ersten Nacht ist Sandra sehr

unruhig und macht Schmatzgeräusche. Doris ist sehr oft auf, um nach ihr zu sehen. Wir lagern Sandra ab der zweiten Nacht im großen Wohnzimmer und Doris schläft bei ihr. Ab ca. 13 Uhr konnten wir bei Sandra zunehmende Versteifung feststellen. Sie jammert dabei und man kann sie kaum lagern. Nach dem Sondieren mit Medikamentengabe (was in diesem Zustand schwierig ist) wird der Zustand wieder besser.

Der Leihbuggy, den wir extra für die Projektwoche ausgeborgt haben, hat sich leider als nicht stabil genug und auch nicht günstig für Dauerlagerung erwiesen. Es ist also keine gute Alternative zu einem Rollstuhl. Hier haben wir genug Zeit, die „Alltagstauglichkeit" festzustellen.

Ich glaube, dass Sandra die Projektwoche genießt. Es ist ihr erster Urlaub auf dem Land. Sie bekommt aus der Küche Extraportionen wie Frittatensuppe und Müsli. Das Vogelgezwitscher und das Muhen und Glockenläuten der Kühe und alle „ihre" Kinder immer rund um sich, das gefällt ihr sehr. Wir baden Sandra zweimal, was unproblematisch verläuft und ihr Wohlbefinden sichtlich steigert. Am dritten Tag hat sie sogar Spontanstuhl.

Für uns als Betreuerinnen ist die Projektwoche mit Sandra eine besondere Erfahrung. Wir erleben hautnah, was für eine schwierige Aufgabe Sandras Mutter mit ihrer Pflege erfüllt. Es bedeutet, 24 Stunden da zu sein. Wir haben große Hochachtung davor!

> Es hat auch schwierige Zeiten gegeben, z. B. wie wir auf Schullandwoche waren. Das war für mich nicht lustig. Rund um die Uhr und die ganze Nacht. Sie hat in der Nacht viel geweint, ich musste ihr die Sondennahrung geben, mit all dem war ich schon überfordert. Das Haus war auch von den Räumen her nicht wirklich geeignet für Sandra. Auch die Schlafgelegenheit für mich und Sandra war extrem ungünstig. Man konnte schlecht spazieren gehen, es war so viel, wo sie nicht dabei sein konnte. Diese Woche war für mich sehr schwer und überfordernd. Mir war das zu viel. Natürlich hat es auch schöne Szenen gegeben, Sandra mochte z. B. die Kühe und das Läuten ihrer Glocken, aber für mich war es zu viel.
>
> Doris

Juni 2002

40. Schulwoche

Sandra ist auch in dieser Woche öfters sehr steif. Sie biegt sich dabei nach hinten, die Hände sind gerade zu den Oberschenkeln gestreckt und vorne überkreuzt. Sie jammert dabei. Am Mittwoch erbricht sie und bleibt zwei Tage zuhause.

42. und 43. Schulwoche

In der 42. Schulwoche ist Sportwoche für alle Kinder der Volksschule. Dabei sind der normale Unterricht und die Klassenorganisation aufgehoben. Die Kinder können unter einer Vielzahl von Sportarten wählen. Doris besucht mit Sandra verschiedene Gruppen. Sandra schaut am liebsten bei Jiu-Jitsu zu. Sie hat Freude an der Bewegung der Kinder und an den Geräuschen.

" Es hat uns nie gestört, dass Sandra da war. Sie hat zu unserer Klasse dazugehört wie jedes andere Kind.

Mitschülerin

Sandra bekommt nur eine Löffelnahrung um 9:30 Uhr. Zu Mittag erhält sie jetzt Sondennahrung mit zusätzlich entspannenden Medikamenten.

Bei der Schulschlussfeier mit einer Präsentation unserer Projektwoche in Form von Bildern, Liedern und Spielen ist Sandra sehr aktiv und munter. Leider müssen wir uns von Doris verabschieden, da sie in ihren Beruf als Kindergärtnerin zurückkehrt.

" Ich habe oft von Kolleginnen gehört: „Na, hast einen Job gebraucht?" Wirklich abfällige Bemerkungen, z. B. wenn wir draußen im Garten waren. Sie haben gesagt: „Muss das sein?" Da waren Susi und Claudia echt stark, sie haben immer gesagt: „Ja, das ist so, und das ist gut so." Auch privat bin ich immer wieder darauf angesprochen worden, wirklich gehässig. Manchen Leuten konnte man erklären, was man wollte, sie sind nicht darauf eingegangen. Sie sagten: „Wieso muss ich das sehen?"

Doris

Sandras viertes Schuljahr

Sandra wird in diesem Schuljahr von Marika betreut. Marika ist Gemeindekrankenschwester und kocht sehr gerne. Sie bereitet Sandra frische Mahlzeiten zu. Auf die Geräusche beim Kochen und die Gerüche der Speisen reagiert Sandra sehr positiv und ihr Appetit wird angeregt. Sandras Vorliebe auf gut gewürzte Speisen ist unverändert. Da es während der individuellen Arbeitsphasen in der vierten Schulstufe in der Klasse meist sehr still ist, geht Marika mit Sandra jetzt öfter an die frische Luft. Außerdem bleibt Sandras Mutter dafür am Nachmittag oft keine Zeit. Sandras Gesundheitszustand ist in der vierten Klasse zunehmend stark schwankend, und wir versuchen weiterhin so spontan und bedarfsorientiert wie möglich zu handeln, um ihren aktuellen Bedürfnissen gerecht zu werden.

September 2002

1. Schulwoche

Sandra freut sich, uns alle wieder zu sehen. Sie akzeptiert Marika sofort als Ersatz für Doris. Sandra hat eine Darmgrippe, erholt sich aber im Laufe der Woche und isst mit großem Appetit.

2. Schulwoche

Sandra ist am Montag extrem müde, sie ist eigentlich nicht wirklich aufweckbar, trotz intensiver akustischer Stimulation. Auch während der Physiotherapie schläft sie.
Am Dienstag ist sie wieder munterer, hat aber um 10 Uhr einen kurzen epileptischen Anfall.
Mittwoch ist Sandra wieder sehr müde. Sie kann ihren Kopf in der Bauchlage nicht heben und hat beim Mittagessen Brechreiz. Sie isst nur zwei Drittel der Mahlzeit.
Sandra hatte in den Ferien einen starken epileptischen Anfall und bekommt eine erhöhte Dosis von Anfallsmedikamenten. Dies erklärt ihre Müdigkeit. Wir haben ihre Mutter um das Notfallmedikament gebeten und führen wieder einen Anfallskalender.

3. Schulwoche

Am Montag berichtet Sandras Mutter, dass Sandra ab 4 Uhr wach war. Dafür schläft sie zwei Stunden in der Schule, auch die Physiotherapie verschläft sie. Sie isst nur wenig Jause.

An den weiteren Tagen ist Sandra munter und gerne in der Bauchlage. Sie isst viel. Marika geht viel mit ihr an die frische Luft.

Am Freitag ist Sandra nicht aufweckbar und alle Pflegehandlungen müssen durchgeführt werden während sie schläft. Bei den Mahlzeiten sind ihre Augen geschlossen, aber sie schluckt, wenn sie Essen bekommt.

> Ich habe es nicht so in Erinnerung, dass Sandra viel geschlafen hat. Wenn sie geschlafen hat, bin ich daneben gesessen und habe sie z. B. massiert. Das war sowohl in der Klasse als auch in der Küche. Nachdem wir das Pflegebett bekommen hatten, waren wir mehr in der Küche, weil sie sich dort besser entspannen konnte. Ich habe auch das Schlafen nicht immer als Schlafen empfunden. Das Dahindösen von Sandra hatte auch aktive Phasen dazwischen, in denen sie z. B. beim Massieren mit Geräuschen reagierte. Ich habe das nicht als richtiges Schlafen erlebt wie vielleicht Claudia. Ich habe Phasen von Sandra in Erinnerung, in denen sie ganz wach war. Das war ein Agieren und Reagieren, das waren ganz wache Phasen. Dann hat es Phasen gegeben, in denen man vielleicht Schlafen sagen könnte: Die Augen waren nicht geschlossen, aber sie hat ihren Blick nicht verändert, hat mit dem Körper oder mit Lauten reagiert. Dann gab es Phasen, in denen sie das auch nicht gemacht hat, aber wach war. Und dann gab es Phasen, in denen sie wirklich geschlafen hat. Und diese habe ich relativ selten erlebt. Es hat auch Essenssituationen gegeben, bei denen sie nicht aktiv mitgetan hat. Man hat ihr das Essen in den Mund gegeben und sie hat es irgendwann gemerkt und geschluckt. Ich hätte das nicht als Schlafen bezeichnet, sondern als inaktiv. Und es hat auch Phasen gegeben, in denen ich gemerkt habe, sie wollte nicht mittun. Dann wollte sie z. B. einfach nicht essen und hat das gezeigt. Manchmal war auch das einfach nicht möglich, weil sie z. B. müde oder es für sie zu anstrengend war. Aber das war sehr selten. Es hat Phasen gegeben, in denen sie sehr viel zurückgegeben hat und das hat man gespürt. Und es hat Phasen gegeben, in denen sie empfangen, aber nichts zurückgegeben hat. Da hat sie nur genossen. Sie war wach genug, um zu spüren, dass ich sie berühre.
>
> Doris

4. Schulwoche

Am Montag ist Sandra sehr blass und verschnupft, isst aber gut.

Die folgenden Tage ist sie fröhlich, lacht viel und spielt mit Teresa. Bei den Löffelmahlzeiten gab es keine Probleme.

Am Mittwoch ist Sandra beim Bandagisten für die Anprobe einer neuen Sitzschale. Sandra ist am Donnerstag gut aufgelegt, schläft aber von 11 bis 13 Uhr.

Oktober 2002

5. Schulwoche

Montag ist ein besonders guter Tag. Sandra ist schon in der Früh gut aufgelegt und isst viel. Nach der Physiotherapie ist sie müde.

Am Dienstag isst Sandra Haferflocken mit Zimt und Nektarine mit großer Begeisterung, danach schläft sie allerdings zwei Stunden lang.

Am Mittwoch wird noch einmal die neue Sitzschale angepasst, von der wir sehr begeistert sind. Sie wirkt nicht so plump und starr wie der Rollstuhl, und Sandra dürfte sich darin wohl fühlen.

Am Donnerstag sitzt Sandra den ganzen Tag in der neuen Sitzschale. Sie arbeitet viel mit den Händen. Besonders mag sie Geräusche, die sie selber erzeugen kann, z. B. Murmeln in die Hand nehmen und auf ein Tablett fallen lassen. Bis 14 Uhr ist sie aktiv und isst viel.

Am Freitag ist Sandra blass und müde. Sie schläft fast nur und isst wenig. Sandra verdreht die Augen und wirkt, als ob sie dauernd kleinste Anfälle hätte.

6. Schulwoche

Am Montag ist Sandra stark verschleimt. In der Früh schläft sie und ist teilnahmslos, erst durch intensive Bewegung und Bauchlage wacht sie auf und isst dann mit Appetit. Dienstag und Mittwoch ist Sandra krank.

Am Donnerstag ist Sandra sehr müde und niest viel. Nachdem sie stark überstreckt war, schläft sie im Sitzsack ein. Nach einer Stunde Schlaf hat sie einen kurzen Anfall und schläft dann weiter.

Am Freitag ist Sandra schon in der Früh munter. Nach Zähneputzen und Zahnfleischmassage mit Marika bleibt Sandra eine Stunde lang in Bauchlage, in der sie den Kopf sehr gut hebt und die Gemeinschaft der anderen Kinder genießt. Anschließend sitzt sie lange Zeit in der Sitzschale und zeichnet mit Kreide.

7. Schulwoche

Am Wochenbeginn ist Sandra sehr aktiv, isst gut, hat Spaß in der Bauchlage und lacht viel bei Bewegung. Auch bei der Physiotherapie ist sie munter.

Am Mittwoch hat Sandra eine neurologische Untersuchung, ihr EEG hat sich, im Rahmen ihres Zustandes, leicht verbessert. Laut dem Neurologen kommt ihre Müdigkeit wahrscheinlich von den Medikamenten, es kann aber auch das Wetter sein.

Am Donnerstag feiern wir Sandras Geburtstag. Ihre MitschülerInnen spielen Sandra den „Türkischen Marsch von Mozart" vor. Sie feiert in der Bauchlage begeistert mit, dann schläft sie allerdings zwei Stunden.

> " Als die Kinder das erste Mal gemerkt haben, dass sie mit Singen Sandra begeis-
> tern können, das werde ich nie vergessen. Es war in der Pause, sie haben alle
> gegessen, dann begann ein Kind zu klatschen und Sandra hat das gefallen. Sie
> begann zu lachen. Dann fingen alle zu klatschen an und merkten: Das macht ihr
> Spaß. Die Kinder haben das dann immer wiederholt, wenn sie gemerkt haben,
> dass Sandra nicht so gut drauf ist. Ein Bub hat ihr immer mit der Mundhar-
> monika vorgespielt. Da haben die Kinder gemerkt: Wir können bei Sandra was
> bewegen.
>
> Doris

Am Freitag ist Sandra blass und weinerlich. Sie schläft viel, hält den Kopf nicht
und lehnt die Jause ab. Zu Mittag isst sie nur wenig, dann erbricht sie aber stark,
inklusive der Sondennahrung von der Früh. Sie ist sehr steif.

8. Schulwoche

Am Montag und Dienstag ist Sandra fröhlich und entspannt, die Physiotherapie
verläuft gut.
Am Mittwoch, Donnerstag und Freitag ist sie extrem müde und wirkt wieder ganz
in sich gekehrt. Am Mittwoch hat sie in der Schule und zuhause einen starken
Streckkrampf. Sandra ist sehr steif und auch zu den Mahlzeiten kaum aufweckbar.

November 2002

9. Schulwoche

Ab nun kocht Marika beide Mahlzeiten für Sandra frisch.
Am Montag ist Sandra sehr munter, mag die Bauchlage und macht viel Bewegung
im Bett. Die Physiotherapeutin legt ihr die A-Schiene an.
Am Dienstag ist Sandra müde und isst wenig, aber sie trinkt ein Achtel Liter Wasser.
Am Mittwoch ist sie wieder sehr munter, lacht viel und macht mit Marika leichte
Turnübungen.

10. Schulwoche

Am Montag ist Sandra munter, lacht viel und isst viel. Bei der Physiotherapie ist
sie sehr locker und bekommt die Handschiene angelegt. Dafür verschläft sie den
Dienstag.
Das Eislaufen am Mittwoch macht Sandra Spaß, und sie ist sehr munter.
An den übrigen Tagen ist Sandra besonders wach, auch während der Spaziergän-
ge. Sie nimmt viel teil und isst mit Appetit.

Fotos 10/11: Eislaufen macht Spaß ...

... und Sandra ist mittendrin.

11. Schulwoche

Sandra ist die ganze Woche krank. Sie hat unstillbares Erbrechen und wird von ihrer Mutter in der Nacht ins Spital gebracht. Dort werden Stuhlverstopfung und eitrige Angina diagnostiziert. Wir machen uns große Sorgen. Marika besucht sie im Spital, Sandra ist sehr blass und schläft. In Zukunft müssen mehr verdauungsfördernde Mittel gegeben werden.

12. Schulwoche

Sandra kommt sehr blass und mit einem spitzen Gesicht wieder in die Schule. Sie wirkt sichtlich schwach und abgemagert. Marika achtet besonders auf reichliche Flüssigkeitszufuhr und kocht sehr vitaminreich. Sandra bekommt ein Abführmittel und hat jeden zweiten Tag Stuhl. Schon ab Dienstag isst sie mit viel Appetit.

13. Schulwoche

Am Montag ist Sandra munter und kooperativ, besonders während der Physiotherapie.
An den übrigen Tagen können wir am Bett mit ihr die Übungen machen, wie sie uns die Physiotherapeutin gezeigt hat.
Am Mittwoch ist Sandra müde, sie schläft eine Stunde.
Sie fädelt gemeinsam mit Teresa Perlen. Sandra liegt dabei in Bauchlage auf dem großen Würfel und Marika unterstützt sie durch Führen der Hände – das macht beiden viel Freude. Sie isst viel.
Sandra nimmt am Freitag an der Adventkranzweihe in der Turnhalle teil, das gefällt ihr sehr. Danach schläft sie.

Dezember 2002

14. und 15. Schulwoche

Marika ist krank. Sandra bleibt zuhause, da auch ihr Gesundheitszustand sehr labil ist.

16. Schulwoche

Sandra und Marika sind wieder gesund. Die Woche verläuft ohne besondere Vorkommnisse.

Weihnachtsferien

Jänner 2003

Sandras Mutter sieht sich nochmals verschiedene Sonderschulen für das kommende Schuljahr an. Sie entscheidet sich endgültig für die anthroposophische Schule für behinderte Kinder in Wien.

> Die schulische Integration von Sandra war für mich etwas Besonderes, nicht Alltägliches. Dass das möglich ist, hat mich erstaunt, und es war für mich außerordentlich positiv. Wenn es gegenseitigen Austausch gibt, dann ist das auch für TherapeutInnen etwas sehr Positives. Vor allem auch der Austausch über aktuelle Entwicklungen und Veränderungen. Wenn das klappt, dann ist das sehr bereichernd.

Logopädin

Bei Sandra setzt sich in der Schule der tägliche Wechsel zwischen munter und schläfrig fort. Aber egal, in welcher Stimmung sie ist – Essen geht immer! Marika legt auch besonderen Wert auf ausreichende Flüssigkeitsgaben. Laut Ernährungsberaterin soll Sandra täglich 2000 Kalorien und zwei Liter Flüssigkeit bekommen.

Februar 2003

Semesterferien

22. Schulwoche

Am Montag ist Sandra müde und apathisch, die Physiotherapeutin turnt mit ihr, während sie schläft.
In den nächsten Tagen ist Sandra wieder munter und hat Spaß mit Teresa.

> Sandra hat viel gelacht. Ich habe viel mit ihr gespielt. Wir haben es lustig gehabt.
>
> Mitschülerin

Auch am Mittwoch und Donnerstag ist sie munter, trinkt und lacht viel. Marika turnt mit Sandra und diese wird lockerer.
Am Freitag weint Sandra echte Tränen, das hat sie in der Schule noch nie gemacht. Sie lässt sich am Schoß beruhigen. Wir vermuten, dass sie Hüftschmerzen hat.

23. Schulwoche

Sandra ist am Montag froh, in der Schule zu sein. Sie ist blass und hat starkes Zahnfleischbluten. In der Physiotherapie ist sie nicht kooperativ.
Mittwoch in der Früh ist Sandra apathisch und lacht erst, als Teresa mit ihr spielt. Sie jausnet und trinkt gut. Um ca. 10 Uhr hat Sandra einen schweren epileptischen Anfall, der ca. eine Minute dauert. Marika spricht sie an, massiert ihr anschließend die Hände. Wir nehmen sie trotzdem zum Eislaufen mit. Allerdings ist sie trotz Kinderlärm und frischer Luft nicht mehr richtig wach zu kriegen. Ihre Mutter verständigt den behandelnden Neurologen und erhält für Anfang März einen Kontrolltermin.
Am Donnerstag berichtet Sandras Mutter von einem leichten Anfall in der Früh. Am Freitag ist Sandra sehr blass und isst ohne Appetit. Sie reagiert nur auf sehr starke Reize.

25. Schulwoche

In dieser Woche weint Sandra öfter echte Tränen. Am Dienstag um 12 Uhr weint sie so stark, dass ihre Mutter sie früher abholt. Diese berichtet auch von einem Streckkrampf in der Früh. Sandra ist sehr blass und oft überstreckt. Die Bauchlage mag sie gerne, da gibt es auch muntere Zeiten, in denen sie laut lacht. Obwohl sie die Augen oft nicht aufbringt, isst sie mit Appetit. Wir wissen nicht genau, ob Sandra Verdauungsprobleme hat oder ob ihr die Hüfte weh tut.

Die Theateraufführung „Der gestiefelte Kater" gefällt Sandra sehr. Sie hält die ganze Zeit im Rollstuhl durch.

> Ich glaube, es war für uns so normal, dass sie immer dabei war. Deshalb sticht das für uns auch nicht so heraus. Sie war immer dabei, egal wo wir waren.
>
> Mitschüler

März 2003

Sandra war beim EEG, es hat sich nicht verschlechtert. Die Medikamente bleiben gleich, weil sie ohnehin schon recht hoch dosiert sind.

Sandra macht eine Schnupperwoche in der Karl-Schubert-Schule, eine anthroposophische Schule für behinderte Kinder in Wien. Laut Aussagen ihrer Mutter wird Sandra aufgenommen. Sandra hat die Schnupperwoche gefallen, nur das Essen hat ihr nicht geschmeckt. Das ist kein Wunder nach Marikas guter Gewürzküche!

Sandra bekommt drei Botolinusinjektionen in die Beine und in eine Hand. Sie hat am Tag danach Schmerzen, ist dann aber zusehends munterer. Insgesamt ist sie nicht so müde wie sonst nach den Spritzen.

Sie sitzt jetzt gerne auf der kleinen Bank in der Leseecke. Die Physiotherapeutin empfiehlt viel Bauchlage und Sitzen auf der Bank oder auf dem Sessel.

Sandra isst mit großem Appetit, sie beginnt schon zu schlecken, wenn man vom Essen spricht.

April und Mai 2003

Sandra ist seit den Osterferien krank. Sie wird in den Osterferien von ihrer Mutter ins Spital gebracht, da sie keine Nahrung bzw. Flüssigkeit behält. Im ersten Krankenhaus wird sie widerwillig aufgenommen, liegt dort acht Tage auf der Station. Sandra hat Fieber und ist apathisch, bekommt nur Infusionen und keine Sondennahrung. Sie wird mit geblähtem Bauch und völlig apathisch entlassen.

Zuhause erbricht sie Kot. Ihre Mutter bringt das Kind in ein Spital nach Wien, dort erfolgt eine Notoperation mit Entfernung eines Darmstücks. Bis zum 10. Mai kann Sandra keine Nahrung behalten, erhält nur Infusionen. Sie ist lange Zeit auf der Intensivstation, seit 5. Mai aber auf der Normalstation. Sie hat zwei schwere epileptische Anfälle.

Ich besuche Sandra mit ihrer Mutter. Sie liegt in einem Einzelzimmer und ist an diesem Tag völlig apathisch, die Ärzte finden ihren Zustand bedenklich. Sie meinen, dass der Kreislauf bald „anspringen" müsse und es wichtig wäre, dass Sandra wieder Sondennahrung bekommen kann. Unsere Kinder haben mir eine CD mit allen Liedern bespielt, die Sandra so gerne mag. Sie haben auch „SSSSSandra" gerufen und aufgenommen. Sandra liebt diesen Ruf. Wir spielen Sandra die CD vor und können direkt beobachten, wie sie darauf positiv reagiert. Nach unserem Besuch erfährt ihre Mutter, dass Sandra die Sondennahrung behalten hat und sich ihr Zustand verbessert. Langsam geht es wieder bergauf.

„„ Wir haben für Sandra Lieder auf eine Kassette gesungen. Und sie hat es geliebt, wenn man „SSSSandra" gesagt und das S so betont hat. Da hat sie immer gelacht. Wenn wir Fotos gemacht haben, haben wir das auch immer gesagt, damit sie lacht. Das hat wirklich immer funktioniert. Es hat ihr so gut gefallen.

Mitschülerin

Juni 2003

Sandra kommt wieder in die Schule. Sie wiegt nur mehr 20 Kilo. Sie ist nur kurz bei uns, denn sie bekommt eine Bläscheninfektion im Mund und muss abermals mit hohem Fieber ins Krankenhaus.

In der letzten Schulwoche ist Sandra wieder bei uns. Sie ist lebendig und möchte ständig unterhalten werden. Sie genießt die Gemeinschaft.

Sandra wird die Karl-Schubert-Schule besuchen.

Viel Glück, kleines Mädchen!! Wir haben viel von dir gelernt! Danke.

„„ In der Schule war immer jemand für Sandra da. Die persönliche Zuwendung, die sie erhielt, habe ich sehr positiv erlebt. Den Lehrerinnen und Helferinnen konnte ich mein Wissen und meine Anregungen für den Alltag mit Sandra sehr gut vermitteln. Alle kommunizierten gut miteinander: die Lehrerinnen, Sandras Helferin und ihre Mutter. Sandras Integration in der Schule habe ich überhaupt nicht anstrengend erlebt, es war einfach selbstverständlich. Ein großes, die Integration unterstützendes Netzwerk hat alles getragen.

Physiotherapeutin

Nachtrag: Sandras Schulzeit nach der Grundschule[1]

Wie den Verlaufsauf- zeichnungen zu entneh- men ist, hatte sich San- dras Mutter schon lange vor dem Ende der vierten Klasse Grundschule über weiterführende Schulen für ihre Tochter infor- miert. Ursprünglich hat- te sie den entschiedenen Wunsch nach Fortset- zung der schulischen In- tegration, erhielt jedoch von allen in Frage kom-

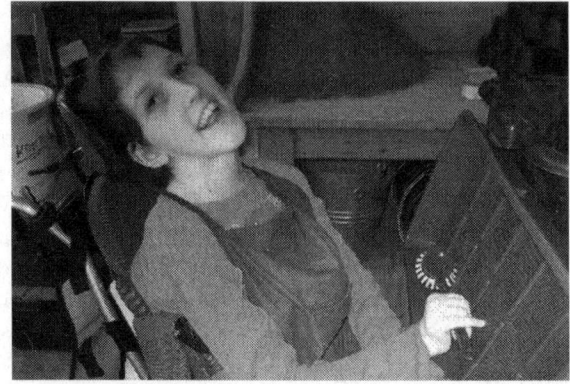

Foto 12: Sandra als Jugendliche

menden Schulen Absagen. Weder trauten sich die LehrerInnen zu, eine Schüle- rin mit basalen Lernbedürfnissen zu unterrichten, noch waren die erforderlichen räumlichen Rahmenbedingungen vorhanden. Sandras Mutter entschied sich schließlich für eine Sonderschule mit anthroposophischer Ausrichtung in Wien. Sandra erhielt dort vormittags und nachmittags Förderung und Therapie, letztere allerdings nicht mehr von der Physiotherapeutin, die von Beginn an mit ihr ge- arbeitet hatte. Von ihrer Logopädin wurde Sandra weiterhin im Ambulatorium betreut und auch einige Male in der Schule besucht.

Da Sandras jüngere Schwester nun die Grundschule in Wiener Neudorf besuch- te, nahm Sandra immer wieder an Schulfesten teil und konnte ihre ehemaligen Lehrerinnen treffen.

2008, im Alter von 17 Jahren, erkrankte Sandra während eines Spitalsaufenthaltes an einer Lungenentzündung. Sie verstarb einige Tage vor Schulbeginn. An ihrer Beerdigung nahmen viele ihrer ehemaligen MitschülerInnen aus der Grundschul- zeit, ihre Therapeutinnen, alle ihre Lehrerinnen und Begleiterinnen teil.

---

1 Dieser Text wurde auf der Grundlage eines Gesprächs mit Sandras Mutter verfasst.

Teil 2

Corinna Wolffhardt

Basales Lernen
Schule als Erlebnisraum nach dem Konzept der Basalen Stimulation®

Unter Basaler Stimulation versteht man ein Konzept zur Begleitung und Förderung schwerstbeeinträchtigter Menschen, welches für Kinder wie Sandra in der Mitte der 1970er Jahre von Andreas Fröhlich entworfen, theoretisch begründet und kontinuierlich weiterentwickelt wurde. Im Rahmen eines Schulversuches war man erstmals mit der Frage konfrontiert, ein passendes schulisches Angebot für schwerstmehrfachbehinderte Kinder zu etablieren und Unterricht für diese SchülerInnengruppe neu zu denken. In den 1980er Jahren konnte sich mit Christel Bienstein die Pflege für die basale Idee begeistern und transferierte das Konzept gemeinsam mit Andreas Fröhlich in den klinischen Alltag. Inzwischen finden die hier gültigen Prinzipien, Methoden und Inhalte Anwendung in einer breiten Fachwelt. AdressatInnen sind immer Menschen, die in ihren Möglichkeiten zum Wahrnehmen, Bewegen und Kommunizieren dauerhaft oder über einen bestimmten Zeitraum erheblich eingeschränkt sind. Dies sind neben schwerstbehinderten Menschen unter anderem auch Personen mit fortschreitenden Erkrankungen, mit Schädel-Hirn-Traumen, sehr früh geborene Säuglinge oder auch gerontopsychiatrische PatientInnen. Hinter 40 Jahren Basaler Stimulation steht nun ein ganzheitliches 24-Stunden-Konzept, welches alle Felder der gemeinsamen Begegnung durchdringt. Unter vorbehaltloser Annahme von Entwicklungsfähigkeit werden Bedingungen gestaltet, die die betroffen Menschen anregen und unterstützen, ihr individuelles Potential und ihre Ressourcen zu erhalten und weiter zu entfalten.

In der folgenden Darstellung steht der schulische Kontext, genauer die Volksschule, im Fokus, daher ist von SchülerInnen und Kindern die Rede. Das Konzept Basale Stimulation gilt allerdings lebensumspannend.

Kernelement ist der Aufbau eines verlässlichen Beziehungsdialogs mit Hilfe basaler, auch nonverbaler Kommunikationsformen. Über einen engen Körperbezug werden im gemeinsamen Erleben primäre Zugangsweisen zur Welt eröffnet. Elementare Wahrnehmungsangebote bieten dem Kind Einordnungs- und Orientierungshilfen, sodass es Bezüge zu sich und seiner Umwelt herstellen kann. Über Erfahrungen mit dem eigenen Körper gewinnt das Kind zunehmend eine Vorstellung von und über sich selbst. Dies ist notwendige Voraussetzung, um sich die soziale und materielle Umwelt weiter zu erschließen.

Basale Stimulation versucht immer wieder zu einer Perspektivenübernahme einzuladen, das vertiefte Verständnis für die besondere Lebenssituation der Kinder hilft den PädagogInnen, die aktuelle Bedürfnislage vielleicht in Ansätzen zu erahnen. Aus diesem sensiblen Bewusstmachen können Vermutungen über die realen Lebensgegebenheiten abgeleitet und das pädagogische Handeln darauf abgestimmt werden.

Begegnung gestalten und Grundbedürfnisse sichern

Der Ausgangspunkt in der täglichen Begleitung ist das Kind mit seinen unmittelbaren Bedürfnissen und seiner Befindlichkeit. So wie auch bei Sandra beeinflussen Anfallsgeschehen, Schmerzen, Spannungs- und Atemnotzustände, akute und chronische Erkrankungen, eine Dauermedikation, Ernährung und Ausscheidung das allgemeine Wohlbefinden und die Tagesverfassung. Für Sandra ist jeder Tag eine neue Herausforderung und unterliegt breiten Schwankungen. Mit viel Einfühlungsvermögen werden diese Einflüsse wahrgenommen und individuelle Abstimmungen im gemeinsamen Handeln vorgenommen. An manchen Tagen stehen das Ruhebedürfnis und eine schmerzfreie Position vor jeder anderen schulischen Aktivität. Basales Begleiten fordert nicht und setzt von der Schülerin nichts voraus, es knüpft an den momentanen Gegebenheiten und Möglichkeiten des Kindes an.

Zeiträume des Wohlbefindens werden daher mit besonderer Qualität gefüllt und orientieren sich an der bisherigen Erfahrungswelt, den Potentialen und den Lernbedürfnissen der SchülerInnen. Sandra zeigt, an welchen Aktivitäten sie sich intensiv beteiligen möchte und was ihr Interesse in spezieller Weise weckt. Sie orientiert sich gerne zu den anderen Kindern, sie genießt die soziale Eingebundenheit und das Miteinander. Im Beisein der MitschülerInnen zeigt Sandra immer wieder ausgelassene Freude, solche Situationen sind für sie sinngebend und bedeutungsvoll und setzen damit im Besonderen Lernprozesse in Gang. Entsprechende Positionierungen unterstützen sie dabei, sich als Teil der Gruppe zu erleben. Die Art und Weise des Haltens, Stützens und Positionierens trägt entscheidend dazu bei, ob sich die Schülerin gehalten, gestützt und sicher genug fühlt, um sich an Aktivitäten zu beteiligen und Teilhabe zu erfahren. Erlebt sich die Schülerin in ihren Grundbedürfnissen wahrgenommen, ist ihr Wohlbefinden gesichert, erfährt sie Sicherheit und stabile Beziehungen, kann sie sich nach außen zur Welt öffnen.

Welt entdecken und erschließen

Schule soll im weitesten Sinne Lust auf die Begegnung mit der Welt machen. Eine Welt, die sich für Kinder wie Sandra durch ihre eingeschränkten Bewegungs- und Wahrnehmungsmöglichkeiten nur schwer erschließt. Es ist damit Aufgabe der PädagogInnen, der Schülerin die Welt in besonderer Weise in Beziehung zu bringen und ihr Kontur und Gestalt zu verleihen. Hier setzt eine basale Pädagogik an. Lernen wird dadurch ein aufregendes Entdecken und sinnlich-körperliches Erfassen der Wirklichkeit, vergleichbar mit dem Erfahrungs- und Erkenntnislernen kleiner Kinder, die Welt über Bewegungshandlungen sinnlich zu begreifen, zu erforschen und zu erobern. Um die körperlichen Einschränkungen auszugleichen, leisten die PädagogInnen eine besondere Form der Übersetzungsarbeit. Dies bedeutet, dass komplexe Zusammenhänge vereinfacht, strukturiert, auf das Wesentliche reduziert und den Verarbeitungsmöglichkeiten der SchülerInnen angepasst werden.

In den hier im Buch beschriebenen Unterrichtseinheiten werden beispielsweise Buchstaben in Sand geschrieben. Basal aufbereitet steht für Sandra hier zunächst der Sand selbst im Fokus. Wie fühlt sich Sand überhaupt auf der Haut an? Kühl, warm, feucht, trocken, körnig oder schwer könnten erste Wahrnehmungen über die Materialbeschaffenheit sein. Vielleicht riecht der Sand auch. Das Material wird mit den Händen, Füßen oder auch dem ganzen Körper erfahren. Dies kann in Form von geführten Bewegungen oder auch möglichen kleinsten eigenen Aktivitäten geschehen. Sand ist fest und dennoch fließend und weich. Diese Besonderheiten muss sich Sandra erst aneignen. Über die Handinnenflächen, die Fingerkuppen, das Umschließen des Materials werden haptisch-taktile Eindrücke begreifbar und damit einprägsamer. Die Pädagogin unterstützt und formt mit der Schülerin kleinste Bewegungen am und mit dem Material, dabei folgt sie den Impulsen des Kindes und baut körperliche Bedingungen wie Spastik in die Bewegungshandlungen mit ein. Neben dem Erleben von Sand wird gleichsam der Körper in Abgrenzung zum Material wahrgenommen. Das Beschweren der Hände, Füße oder auch einzelner Gliedmaßen hinterlässt einen veränderten körperlichen Eindruck. Akustisch wahrnehmbar wird der Sand vielleicht durch rieselnde Geräusche auf eine Trommel oder in einen Blechtopf. So oder auch anders könnte sich für Sandra Sand erschlossen haben.

In der Wiederholung werden die Dinge zunehmend vertrauter und bekannter. Kleine Variationen bauen Spannung und Neugierde auf. Mit den Fingern Spuren zu ziehen, ist dann ein nächster spielerischer Schritt, auf das Material einzuwirken, es zu verändern und zu formen. Der darauf angebotene Speckstein bildet einen deutlichen, harten Kontrast zum weichen Sand. Diese markanten Unterschiede werden durch gemeinsames Klopfen, Rollen, Drehen, Kratzen, Spüren, Riechen oder auch über den Mund erfasst. Die Pädagogin unterstützt in dieser Weise den Aneignungsprozess des Kindes. Deutlich unterscheidbare Angebote ermöglichen es, Interessen zu entwickeln. Dinge und Gegenstände aus dem Alltag, der Natur und unserer Kultur werden auf diese Weise sinnlich entdeckt und erkundet, nur so können sie überhaupt Teil einer Vorstellungswelt der SchülerInnen werden und sich zu Bedeutsamkeiten entwickeln. Für uns noch so alltägliche Gebrauchsgegenstände sind anregendes, einladendes, spannendes und attraktives Forschungsmaterial, das sich in sinnvollen Zusammenhängen in den Alltagshandlungen wiederfindet. Die Welt an sich wird zu einer Welt für die SchülerInnen.

Die Pädagogin begleitet und beobachtet dieses Lernen aufmerksam und folgt den Interessen der Schülerin ohne zu drängen. Gemeinsam entdecken sie eine Vielzahl an Erlebnismöglichkeiten. Es braucht nicht viele Angebote in rascher Abfolge, sondern die gemeinsame Freude am augenblicklichen Tun im Tempo und Rhythmus der Schülerin. Dies verlangt von der Pädagogin ein Verlangsamen und Innehalten, ein bewusstes Hinspüren, Hinhören und Hinschauen. Die Schülerin verleiht dem aktuellen Geschehen ihren eigenen zeitlichen Gestaltfluss. Einladen, innehalten, Präsenz zeigen und Reaktionen erwarten, kleinste Anzeichen von Eigeninitiative wahrnehmen und beantworten sind wesentliche basale Prinzipien.

Nahrungsaufnahme – ein Bildungsgeschehen

Oft zeigen die SchülerInnen, auf welchen Wahrnehmungskanälen sie besonders empfänglich und offen sind. Sandra wird über eine PEG-Sonde ernährt. Dies entspannt zunächst die oft kritische Ernährungssituation. Zusätzlich werden Sandra abwechslungsreiche Mahlzeiten in Form von pürierter Nahrung gereicht. Das Kind entscheidet selbst, ob, wieviel und was es über den Mund kosten und einnehmen möchte. Damit gewinnt die Schülerin neben aller Angewiesenheit an Selbstbestimmung. Sandra findet Gefallen an den Geschmackserlebnissen und zeigt Lust auf mehr genussvolle, eigenaktive Nahrungsaufnahme. Dies gilt es, wie im Buch auch dargestellt, aufzugreifen und das zunehmende Interesse am Essen durch variantenreiche Angebote spannend zu gestalten. Um die Sensorik weiter zu sensibilisieren, werden die einzelnen Bestandteile der Speisen getrennt püriert, so kann die Schülerin Geschmackspräferenzen ausbilden. Essen soll immer mit Lust und Freude in einem kommunikativen Rahmen zelebriert werden und ungestört verlaufen. Abwehrsignale sind ernst zu nehmen. Auch hier gilt es, den Bedürfnissen des Kindes zu folgen und gegebenenfalls das Angebot zu verändern. So kann die Schülerin Vorlieben für bestimmte Speisen entwickeln, Bewertungen wie „schmeckt – schmeckt nicht" treffen, mehr von dem einen fordern und auswählen oder anderes ablehnen. Aus der Ernährungssituation wird ein Bildungsgeschehen.

Aus solch bedeutungsvollen Momenten entwickeln sich wie bei Sandra im Laufe der gemeinsamen Schulgeschichte beiderseits verstandene kommunikative Zeichen. Das Schmatzen wird für die Pädagoginnen eindeutiges Signal für: „Ich habe Hunger!" Je intensiver sich die Beziehung gestaltet, umso genauer werden kleinste Ausdruckszeichen in Nuancen wahrgenommen und verstanden. Die Schülerin gewinnt an Raum, sich zu zeigen und sich auszudrücken. Das Aufgreifen und Spiegeln von solchen kommunikativen Zeichen zeigt der Schülerin, dass sie eine Wirkung auf ihr Gegenüber hat.

Über den Körper kommunizieren

Über eine sehr körpernahe Kommunikation, den sogenannten „somatischen Dialog", ist gemeinsame Sprache immer möglich. Ein deutlich wahrnehmbarer Kontakt ermöglicht den gegenseitigen Austausch von Befindlichkeiten. Durch die Registrierung kleinster Signale entwickeln sich aufeinander bezogene Handlungen. In diesem Zusammenspiel von Empfindungen wird jedes An- und Entspannen kommunikatives Signal, jede minimale Bewegung zur Geste, Intensität und Rhythmus der Atmung Ausdruck inneren Befindens. Die Pädagogin antwortet über ihren Körper in Form fein modulierter Abstimmungen. Ein sensitives Einfühlen und Mitschwingen ermöglicht den PädagogInnen die individuelle Passung der Antworten an das Kind. In dieser wechselseitigen Abstimmung erfährt sich die Schülerin in ihrem Ausdruck wahrgenommen und als Person bestätigt. Macht die Schülerin hierbei vielfältig die Erfahrung, dass ihre Botschaften an die Mitwelt auf Resonanz stoßen und verstanden werden, wird sie sich zunehmend als selbst agierende, unabhängige Persönlichkeit erleben.

Berührungen sind das zentrale Medium dieser körpernahen Kommunikation. Berührung bedeutet, in Kontakt mit der Welt zu sein, Veränderung und Entwicklung zu erfahren. Berühren und berührt werden sind Teil jeder menschlichen Erfahrung. Keine andere Kommunikation verläuft so direkt und unmittelbar. Die Schülerin spürt an der Berührungsfärbung, mit welcher Haltung ihr begegnet wird, Erwartungen und Gefühle drücken sich unverfälscht aus. Gerade in der Begegnung mit schwerstbehinderten SchülerInnen ist man immer absichtsvoll Berührende. Schwerstbehinderte Menschen benötigen in ihrem gesamten Lebensvollzug Hilfestellungen. Dabei sind sie täglich unterschiedlichsten Berührungen von vertrauten und auch weniger bekannten Personen ausgesetzt. Solche finden unter anderem in Pflegehandlungen, Transfersituationen, im Rahmen von pädagogischen Angeboten oder im therapeutischen Kontext statt.

Über Berühren kann man beruhigen, entspannen, stärken, locken, verführen, aktivieren, einladen oder da sein, halten und annehmen. Diese Qualitäten können bewusst variiert werden und erfolgen situativ, individuell ausgerichtet an den achtsam beobachteten Reaktionen und Signalen der Schülerin. So führt äußeres berührt Werden zu innerem berührt Sein. Basales Berühren zeichnet sich durch Eindeutigkeit, Rhythmus und Konstanz aus. Die Schülerin muss sich angesprochen und verstanden fühlen. Dies gelingt besser durch langsame, flächige, mit deutlichem Druck ausgeführte Berührungen. Durch eine gezielte Berührungsgeste wird die Kontaktaufnahme und das Ende eines Angebotes signalisiert. Auch sensobiografische Informationen fließen in das Berührungsgeschehen mit ein. Dies sind Ereignisse unseres Lebens, die im Leibgedächtnis gespeichert sind. Wo und wie nähere ich mich der Schülerin körperlich an, an welchen Körperstellen kann Kontakt positiv erlebt werden, mit welcher Verweildauer gestalte ich Nähe? Diese und andere Fragen begleiten die PädagogInnen in ihrem Tun.

Gleichbleibende Abläufe und vertraute Strukturen ermöglichen Vorhersehbarkeit und damit Orientierung. Auch innerhalb kleinerer Handlungen erzielen gleiche Handgriffe und ein gleichförmiger Charakter einen vertrauten Kontext. Gerade in unklaren Wahrnehmungssituationen schafft dies Sicherheit. Kleine Pausen und langsam ausgeführte Teilschritte sollen die Schülerin einladen, ihre vorhandenen Ressourcen miteinzubringen und einzelne Aktivitäten selbst auszuführen.

Körperwissen

Basale Stimulation knüpft an unseren intrauterinen (vorgeburtlichen) Erlebensraum an. In somatischen (den ganzen Körper einbeziehenden), vestibulären (Lage- und Gleichgewichtsempfindungen) und vibratorischen (Schwingungserfahrungen) Angeboten wiederholen sich vertraute, primäre Lebenserfahrungen und Rhythmen. Unabhängig von einer Behinderung kann jeder Mensch auf dieses Grundwissen zurückgreifen. Dies möchte auch der Begriff „basal" ausdrücken, wir knüpfen an der Basis, dem Fundament menschlichen Handelns, an.

Basale Stimulation ermöglicht es der Schülerin, ihren eigenen Körper auf neue und andere Weise zu erleben und zu entdecken, vielleicht ihn deutlicher zu spüren, etwas differenzierter in der Ausgestaltung: „Hier sind meine Arme, wie lang sind meine Beine und wo enden meine Füße, welche Körperteile sind beweglich? ..." Wahrnehmen und Bewegen gehören ursächlich zusammen. Durch den Verlust an Eigenbewegung ist der Körper in seiner Ausformung nicht präsent und muss immer wieder erlebbar gemacht werden. Vibrationserfahrungen vermitteln uns eine Idee von unserem inneren Zusammenhalt und damit Körpertiefe, Körperfülle und Stabilität. Im Gehen, Springen und Laufen vergewissern wir uns ganz selbstverständlich immer wieder unseres Selbst, dadurch entsteht Körperwissen: Das bin ich! Sandra fehlen diese Informationen und sie werden ihr durch gezielte Vibrationsangebote zugänglich gemacht. Vibrationen stehen in enger Verbindung mit der auditiven Wahrnehmung. Auch hier spiegelt sich die vorgeburtliche Klangwelt wider, die durch das Pulsieren von Herzschlag, Darmgeräuschen, Blutfluss der Mutter, aber auch äußeren Geräuschen und Stimmen durchdrungen ist. Kurze vibratorische Angebote sind für die SchülerInnen anregend und wecken die Aufmerksamkeit, längere Vibrationssequenzen sind entspannend und wirken sich günstig auf die Tonusverhältnisse aus. Vibrationen können neben dem Einsatz diverser Vibratoren über die Stimme oder durch die Hände der PädagogInnen sehr körpernah vermittelt werden. Sie erfolgen über die knöchernen Partien des Körpers und werden über das Skelett weitergeleitet. Sandra genießt dieses Erleben auch über den Turnsaalboden, der durch die laufenden Kinder die Schwingungen auf Sandras Körper überträgt.

Die Haut als größtes Wahrnehmungsorgan bildet die erste erfahrbare Grenze zur Außenwelt. Oberflächenspannung, Berührungs-, Druck-, Temperatur- und Schmerzempfinden verändern sich mit jeder Bewegung und jeder Berührung. Körperform, Körperausdehnung und das eigene Gewicht sind mitbestimmend für die Ausbildung eines Körperbildes. So fühle ich in meinem Körper! Sandra werden in diesen vier Schuljahren regelmäßig Massagen an unterschiedlichen Körperpartien angeboten. Unter Massagen verstehen wir hier ein Ausformen, Betonen und Herausmodellieren der einzelnen Körperteile durch langsame, fließende, umschließende Bewegungen. Dabei wird auf gleich bleibende, großflächige Berührungen geachtet und zu flüchtige Berührungen werden vermieden. Der Körperkontakt bricht nicht ab, ein Rhythmus wird gefunden und beibehalten. Gehen wir bei dieser Form einer somatischen Anregung von der Körpermitte nach außen zu den Extremitäten vor, kann sich die Schülerin in ihrer Gesamtheit erleben. Intensiviert wird diese Erfahrung zusätzlich durch Materialien wie Waschlappen, raue Tücher oder Lotionen. Spezielle Positionierungen unterstützen ebenfalls die Rückmeldung über Körperausdehnung und Form.
Jede Bewegung bedeutet auch eine Veränderung der Position. Von Beginn an sind wir der Schwerkraft ausgesetzt. Die vestibuläre Wahrnehmung sichert Körperhaltung und Stabilität in unterschiedlichen Bewegungssituationen, wirkt aber auch auf Blickregulation und die Verarbeitung auditiver Eindrücke. Sie unterstützt eine Orientierung im Raum. Oft reichen schon kleinste Minimalbewegungen der Pädagogin, damit sich die Schülerin auch beweglich erfährt und einzelne Körperteile als zusammenspielende Einheiten erlebt werden. Schaukelnde und wiegende Angebote steigern die Wachheit, Neugierde und Aufmerksamkeit, ermöglichen ein längeres visuelles Fixieren und beeinflussen das Gleichgewichtsgefühl und den Muskeltonus günstig.
Alle diese Grunderfahrungen sind wichtig für den Aufbau eines Selbstbewusstseins, ein Erleben des Ichs in Abgrenzung zur Umwelt. Gerade in einem erweiterten Verständnis von Pflege und in alltäglich wiederkehrenden Notwendigkeiten wie An- und Auskleiden, Waschen und Körperpflege können diese Angebote ganz selbstverständlich einfließen und wertvolle Informationen über den Körper vermitteln.

Basale Stimulation versteht sich jedoch nie als Sammlung von Maßnahmen und Techniken, vielmehr geht es immer um einen gemeinsamen Gestaltungsprozess mit individuellen Abstimmungen in einem wechselseitigen Beziehungsgeschehen. Kind und Pädagogin bereichern einander gleichermaßen. So steht hinter der Begegnung mit jeder einzelnen Schülerin immer eine unverwechselbare Lerngeschichte, die ermutigt, bereichert und erstaunt.
Für eine weitere Vertiefung und Auseinandersetzung sei auf die Grundlagenliteratur zur Basalen Stimulation verwiesen.

Verwendete und weiterführende Literatur:

www.andreas-fröhlich.eu

Fröhlich, Andreas (2015). *Basale Stimulation.* Düsseldorf: verlag selbstbestimmtes leben.

Fröhlich, und Freunde (Hrsg.) (2014). *Bildung – ganz basal.* Düsseldorf: verlag selbstbestimmtes leben.

Fröhlich, Andreas (2012). *Basales Leben. Texte zur Arbeit mit schwer beeinträchtigten Menschen.* Hochspeyer: Internationaler Förderverein Basale Stimulation®.

Laubenstein, Desiree; Lamers, Wolfgang; Heinen, Norbert (2006). *Basale Stimulation – Kritisch-konstruktiv.* Düsseldorf: verlag selbstbestimmtes leben.

Fröhlich, Andreas; Simon, Angela (2004). *Gemeinsamkeiten entdecken. Mit schwerbehinderten Kindern kommunizieren.* Düsseldorf: verlag selbstbestimmtes leben.

Bienstein, Christel; Fröhlich, Andreas (2003). *Basale Stimulation in der Pflege.* Düsseldorf: verlag selbstbestimmtes leben.

Volker Schönwiese

Dialog als zentrales Element inklusiver Pädagogik

Um über die Bedeutung der Aufzeichnungen zu Sandras Geschichte nachzudenken, soll im Folgenden über einige grundlegende Dimensionen von schulischer Inklusion berichtet werden.

Vielfältiger Austausch mit der Umwelt

Im Mittelpunkt traditioneller Sonderpädagogik steht die Entwicklung von Lern- und Lebenswelten, die an Einschränkungen oder bestimmte Fähigkeiten behinderter Kinder angepasst sind und für die Formen spezieller Förderung, Erziehung und Therapie entwickelt werden. Bei Inklusionsbemühungen wird im Gegensatz dazu davon ausgegangen, dass normale Lebensbereiche – wenn sie entsprechend organisiert und begleitet sind – für die Entwicklung aller Kinder förderliche Anregungen und Vorbilder bieten, die im Schonraum der Sondereinrichtungen nicht existieren. Inklusive Pädagogik vertritt eine dynamische Vorstellung von Behinderung entsprechend einem sozialen Modell, das wie die UN-Behindertenrechtskonvention nicht an individuellen Beeinträchtigungen, sondern an den Austauschbedingungen für alle Beteiligten ansetzt. Voraussetzung für die praktische Umsetzung dieser Perspektive ist es, von der Fähigkeit behinderter Kinder, Jugendlicher und Erwachsener zum Handeln, zur Kommunikation und zur aktiven Umwelt-Aneignung auszugehen. Der Gestaltung der Umwelt kommt eine besondere Bedeutung zu, sie bildet einen entscheidenden Rahmen oder Möglichkeitsraum (Feuser 1995, 85 ff. und 131 f.) für die Entwicklung von Menschen mit Behinderungen.

Die mögliche Entwicklung eines Kindes, das eigenaktiv mit der Umwelt im Dialog bzw. Austausch ist, ist nur beschränkt vorhersagbar. So vielfältig die Dialoge bzw. die Dialogmöglichkeiten sind, so vielfältig erscheinen die Entwicklungsmöglichkeiten. Die menschliche Entwicklung ist nicht linear oder in klar definierbaren Stufen beschreibbar. Der Vergleich von behinderten und nichtbehinderten Kindern in Bezug zu sogenannten normalen Entwicklungsstufen und entsprechende Klassifikationen, wie kognitiv beeinträchtigt, ist in diesem Zusammenhang nicht sinnvoll. Diagnosen wie „zu langsam", aber auch „zu schnell" im Vergleich zu anderen Menschen verlieren ihren Aussagewert für ein näheres Verständnis von Personen. Feuser beschreibt dies sehr plastisch in einem Vergleich mit einem Spielfilm:

„Einmal als geistigbehindert klassifiziert, bedeutet in der Regel lebenslang die Einhaltung einer Lebensbahn, die einer Einbahnstraße gleicht, die schließlich in einer Sackgasse mündet, aus der es kein Entrinnen aus eigener Kraft mehr gibt. Wie vermessen und auch versessen wir darin sind, mag ein Beispiel verdeutlichen: Würde ich Ihnen aus einem Film, den Sie nicht kennen, ein Filmbild herausschneiden und als Dia projizieren, wären Sie mit sehr, sehr hoher Wahrscheinlichkeit nicht in der Lage, exakt herauszufinden, welche Szene zu diesem Bild geführt hat und welche Szenen diesem Bild nachfolgen, geschweige denn, dass der Ausgang des Filmes richtig zu bewerten und zu beurteilen wäre. Aber wir testen einen Menschen zu irgendeinem Zeitpunkt seiner Lebensgeschichte und meinen dann zu wissen, welchen weiteren Lebensweg er einzuschlagen hat und welche Bildung ihm zu ermöglichen oder vorzuenthalten ist." (Feuser 1996, im Internet)

Da der Vergleich mit einer Durchschnittsnorm zum Verständnis der Möglichkeiten eines Menschen wenig beitragen kann, muss die Qualität des Dialogs, des Austausches und seiner Bedingungen in den Mittelpunkt theoretischer und praktisch pädagogischer Überlegungen gestellt werden. Feuser bringt das in den folgenden Formulierungen auf den Punkt:

„Entwicklung ist
– für den einen wie für den anderen Menschen jeweils primär abhängig vom Komplexitätsgrad des jeweils anderen und erst in zweiter Linie von den Mitteln und Fähigkeiten des eigenen Systems und
– primär geht es dabei um das, was aus einem System durch vorgenannte Zusammenhänge der Möglichkeit nach werden kann, und wiederum erst in zweiter Linie um das, was ein Mensch gerade ist." (Feuser 1995, 128 f.)

Inklusion ist an der Kooperation zwischen Kindern und mit Erwachsenen in einer möglichst wenig einschränkenden und barrierefreien Umwelt orientiert. Zur theoretischen Einordnung kann dies als ein aneignungstheoretischer oder ökosystemischer Ansatz gesehen werden. (Moser/Sasse 2008, 77 ff.)

Vorschlag – Gegenvorschlag

Milani-Comparetti (1996, im Internet), einer der bedeutendsten Pioniere von Inklusion seit den 1960er Jahren, konzentrierte sich in seiner Arbeit auf eine ganzheitliche Beobachtung von behinderten Personen, deren Familien und deren sozialer Situation. Einer psychoanalytischen Argumentationslinie folgend argumentierte er, dass es für alle Beteiligten um einen Prozess der Erlangung eines Realitätsbewusstseins geht, das den Abbau von Angstabwehr und Ausschließungs-Wünschen ermöglicht. (ebd.) Medizinische Probleme und Fragen zu einzelnen Beeinträchtigungen wurden von ihm als Arzt in einem sozialen Rahmen und

Entwicklungszusammenhang gesehen. Inklusive Pädagogik stellt – diesem Ansatz folgend – in ihrem praktischen Handeln die Frage nach der Bedeutung von Beeinträchtigungen oder Problemen für die Entwicklung im Zusammenhang mit dem Kontakt bzw. dem Dialog der betroffenen Person mit deren physischer und sozialer Umwelt. Statt traditionellen Testdiagnosen und entsprechenden Förderplänen zu folgen, geht es um die Beobachtung der Fähigkeiten und Vorschläge bei der Bewältigung alltäglicher oder schwieriger Situationen, um Dialog mit der behinderten Person im Sinne von Vorschlag und Gegenvorschlag, wie es im folgenden Schema dargestellt ist:

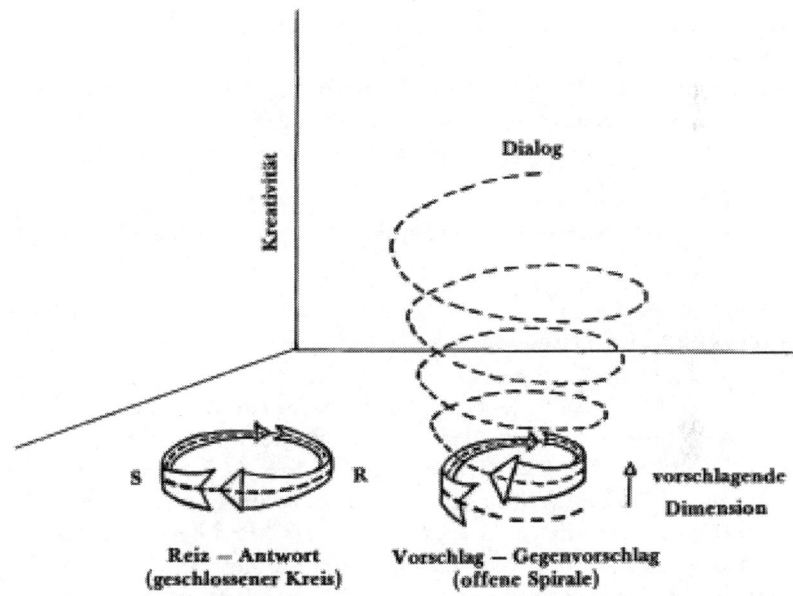

Abb. 1: Entwicklungsspirale beim Dialogaufbau.
Quelle der Originalabbildung in Milani-Comparetti/Roser 1987 (im Internet)

Das Prinzip Dialog ist für die inklusive Pädagogik ebenso wie für Therapien mit Personen mit Behinderungen zentral. In der Praxis sind viele pädagogische Ansätze sowie Therapien dominant an einem Reiz-Reaktions-Schema (Stimulus-Response) orientiert. In der Darstellung wird dies durch den geschlossenen, auf einer Ebene verbleibenden Kreis von Reiz und Antwort veranschaulicht. Milani-Comparetti und Roser (ebd.) kritisierten die defektbezogene, auf Reflexologie und nicht auf Interaktion ausgerichtete Medizin (und Pädagogik) als einen Missbrauch von Medizin und formulierten ihre grundsätzliche Gegenposition folgendermaßen:

> „Als Alternative zur mißbrauchenden, traditionellen Medizin muss die Medizin der Gesundheit per definitionem durch den Respekt der menschlichen Persönlichkeit bestimmt sein, und es scheint uns, dass vom wissenschaftlichen Gesichtspunkt aus dieser Respekt von der Erkenntnis einer fundamentalen Seinsqualität der menschlichen Person auszugehen hat, die in ihrer Fähigkeit zum Handeln zu suchen ist." (ebd.)

Beim Dialog als Ausdruck von Handlungsfähigkeit geht es um einen sehr realen und dynamischen Prozess des Aushandelns von Bedürfnissen und Interessen im Handeln. Bemühungen um gegenseitiges interaktives Verstehen sind zentral. Inklusion kann als Herstellung einer sicheren Situation beschrieben werden, die für gemeinsames Handeln und vielfältige Dialoge offen macht. Hier eröffnet sich eine Anschlussmöglichkeit an Bindungstheorien, die Inklusion unterstützen. Das vielfach unterschätzte Potential der Angebote von Kindern einer Klasse untereinander wird unter inklusiven Bedingungen bedeutend, sichere Bindungen (vgl. Holmes 2002) oder gegenseitige Anpassungsleistungen werden unterstützt.

> „Das Verhalten des Einzelnen erhält seine Bedeutung immer nur im Kontext eines Gegenübers (und allen im Hintergrund wirksamen Beziehungen), wobei die jeweilige Perspektive des Anderen das Verhalten validiert." (Stokowy/Sahhar 2012, 14)

Dialogische Validierung

Markowetz (1998, 2000, im Internet) beschreibt in einem identitäts- und stigmatheoretisch fundierten Ansatz einen weiteren für Inklusion sehr wichtigen Zugang. Er argumentiert (2000), dass jeder Mensch über ein Selbstbild verfügt, das mit der Frage „Wie sehe ich mich selbst?" abgerufen werden kann. Alle Menschen haben aber auch Vermutungen, wie sie von anderen Menschen gesehen werden. Dem entspricht die Frage „Was denke ich, wie mich der andere sieht, bzw. die anderen sehen?" Und unabhängig vom Selbstbild existiert ein weiteres Bild, das Fremdbild, das unterschiedliche Eigenschaftszuschreibungen, aber auch Stereotype und Stigmata enthalten kann. Die Unterschiede der Inhalte dieser drei Dimensionen – Selbstbild, vermutetes Fremdbild und tatsächliches Fremdbild – müssen alle Menschen im steten Fluss der Auseinandersetzung mit der Umwelt aushalten und managen. Wenn die Unterschiede zwischen Selbst- und Fremdbild besonders groß sind, z. B. weil Menschen als behindert gesehen und behandelt werden, ist auch der Aufwand, die drei genannten Dimensionen in einem Gleichgewicht zu halten, erhöht. Markowetz hat ein Beschreibungsmodell für verschiedene Phasen dieser Auseinandersetzung entwickelt, das differenziert zeigen soll, wie sich im Rahmen von Inklusion die gegenseitigen Wahrnehmungen und Einschätzungen verändern und entwickeln können. Er nennt dies „Dialogische Validierung" und beschreibt dabei Dimensionen wie „sich selbst und gegenseitig entdecken", „aneinander geraten", „nachspüren", „balancieren und feinabstimmen", „gemeinsam leben – gemeinsam handeln" und „zweifeln – in Frage stellen". Hier die Phasen im Detail, deren Beschreibungen für PädagogInnen sehr hilfreich sein können, um Prozesse, die sich z. B. im Rahmen inklusiven Unterrichts ergeben, zu beobachten, zu beschreiben und zu reflektieren:

Phase	Merkmale
Contacting (zueinander kommen)	Konfrontation im Rahmen eines verlässlichen Handlungs- und Erfahrungsraumes, z. B. in Familie, Kindergarten, Schule, Freizeit etc.
Discovering (sich selbst und gegenseitig entdecken)	Selbsterforschung; Fremderforschung; authentische Begegnung von Mensch zu Mensch; Sich-Einlassen auf die Welt des Gegenüber; kognitive und emotionale Selbst- und Fremdwahrnehmung
Storming (aneinander geraten)	Gegensätze, Verschiedenartiges, Abweichungen, Bedürftigkeit, Hilflosigkeit, Schwäche ausmachen; an seinem Image arbeiten; taktisch vorgehen; Oberhandtechniken und Identitätsstrategien anwenden; Involviert-Sein; subjektiv Betroffen-Sein; innere und äußere Abstoßung empfinden; bisweilen schmerzhaftes, nicht angenehmes Austragen und Durchstehen von Turbulenzen; Stören der trügerischen Stille zwischen menschlicher Harmonie; streiten, verletzen, diskreditieren, stigmatisieren; Ausleben der kognitiv-emotional angeeigneten Selbst- und Fremdwahrnehmungen
Grounding (nachspüren)	Phase der Nachbearbeitung, Beweisführung, Rechtfertigung, Begründung; Überwindung der Verschlossenheit und rechthaberischen Redseligkeit in Richtung einer dialogischen Partnerbezogenheit; Abbröckeln, Fassadenhaftigkeit und Zementieren der Echtheit; positive Umdeutung; Rückbiegung zum Subjekt; mit den Selbst- und Fremdbildern angemessen umgehen
Equalizing (balancieren und feinabstimmen)	Kein Prozess der Gleichmacherei und einseitigen Anpassung; Entdeckung von Nähe und Distanz, keine symbiotischen Verschmelzungen; vorläufige Zufriedenheit herstellen; differenzierte Sichtweise von sich und anderen entfachen; Wahrnehmung positiver wie negativer Eigenschaften von sich und den anderen; dialektisches Verständnis von Kompetenzen und Mängeln aufbauen; Herstellen einer dynamischen prozessualen Beziehungsdynamik im Spannungsfeld von Individualismus und Kollektivismus; produktives Deuten der Selbst- und Fremdbilder

Living (gemeinsam leben – gemeinsam handeln)	Qualitativer Ausbau der Kontakte; Intensivierung kooperativer Tätigkeiten; Bestehen im Miteinander und im Gegeneinander; Aufgeben und Reduktion von Bevormundungen, Lenkung, Gängelung, Direktiven, verbalen und nonverbalen Stigmatisierungen; Schaffen und Gewähren von Freiräumen für selbstbestimmte Initiativen; Abbau von Herrschafts- und Machtinteressen und -strukturen; Befreiung von Zwängen und Abhängigkeiten; Relativierung und (Neu-)Einordnung von Normen; Abstand nehmen – Nähe suchen; produktiver Umgang mit den Selbst- und Fremdbildern; sie leben und danach handeln
Doubting (zweifeln – in Frage stellen)	Neue Krisen, Probleme und Konflikte ausmachen; sich vor neuen Unklarheiten über die eigene Rolle und die Rollenbeziehungen nicht wegdrehen, sondern die Beziehungen aktualisieren und dort die Wahrheiten entdecken; in Kontakt bleiben (vom Primärkontakt über Sekundär- und Tertiärkontakt zu verlässlichen Kontakten = soziale Integration); Wir-Gefühl als Ausdruck eines besseren Bewusstseins von sich selbst und den anderen, das sich in neuen Fähigkeiten zur Empathie, Fürsorge für sich und den anderen, zu Kooperation und sozialer Bindung ausdrückt; impulsive Entfaltung und Gestaltung einer solidarischen Kultur

Tab. 1: Dynamischer Phasenverlauf der Dialogischen Validierung. Quelle der Originaltabelle in Markowetz 2000 (im Internet)

In den Protokollen zu Sandra sind immer wieder Elemente Dialogischer Validierung zu finden, auch wenn darin nicht systematisch Interaktionen zwischen den Kindern erfasst sind. Für die beobachtenden oder sich erinnernden Erwachsenen standen sorgend basale Fragestellungen im Zentrum, Interaktionen wurden nicht systematisch beschrieben. Es finden sich aber mehrfach Darstellungen von Annäherung und der Entwicklung von Routine:

„Die Kinder begrüßen Sandra jeden Tag freudig. Manche getrauen sich immer näher an sie heran. Jakob, Thomas, Wolfgang und Teresa sind bereits ‚Profihelfer' geworden." (Sandras erstes Schuljahr, Seite 29)

Phänomene des Nähe-Suchens könnten als Teil Dialogischer Validierung und der Schaffung von geeigneten Rahmenbedingungen gesehen werden:

„Sandras Podest in der Leseecke wird schnell Treffpunkt: Sandra liegt auf dem Podest, und rund um sie sitzen die Kinder und genießen die Gemütlichkeit und Wärme, die Doris ausstrahlt." (ebd.)

Zum Teil finden Kinder in der gegenseitigen Erforschung (discovering) eigene und kreative Kommunikationsformen:

> „Sandras Kontakt zu Teresa funktioniert wieder toll. Teresa kniet sich vor Sandra hin und beginnt, auf ihre Art zu erzählen. Dabei kommt sie Sandras Gesicht ganz nahe. Teresa spricht laut und lebhaft, sie betont einzelne Silben besonders und strahlt viel Freude und Wärme aus, was ihrer Freundin sehr gefällt. Den Inhalt des Gesagten verstehen meist nur die beiden und Sandra kann sich schütteln vor Lachen." (Sandras zweites Schuljahr, Seite 48)

Wie wichtig inklusive Bedingungen sind, lässt sich an folgendem Beispiel zeigen:

> „Sandra spielt die Hauptrolle im Krippenspiel, ‚das Jesulein', und sie macht ihre Sache sehr gut. Im Vergleich zum Vorjahr ist der Unterschied riesig: Damals hat sie auf Doris' Schoß mehr oder weniger geschlafen, diesmal nimmt sie trotz eines Anfalls, der während der Feier auftritt und ein paar Sekunden dauert, aktiv an der Feier teil." (Sandras zweites Schuljahr, Seite 55)

Sandra nimmt an einem Schulspiel teil, damit wird sie in der Öffentlichkeit als Teil der Schule und Schulkultur sichtbar. Krippenspiele sind von „stehenden Szenen" geprägt, in denen die Kinder wenig Aktions- und Spielraum für Handlungen und Interpretationen haben. Aber das Halten der Aufmerksamkeit und aktive Mitmachen in der Teilhabe sind Zeichen dafür, dass für Sandra die Situation von Anerkennung geprägt ist. Das Jesulein zu spielen ist für ein Kind mit Behinderungen von der Struktur her ambivalent. Einerseits ist mit dieser Rollenzuweisung eine religiöse Überhöhung eines behinderten Kindes, andererseits eine Verkindlichung verbunden. Im Rahmen einer Schulfeier dominiert aber wohl die Inszenierung von Teilhabe und Akzeptanz. Es entsteht eine öffentliche Variation von Vater/Mutter/Kind-Spielen, die von Kindergärten und auch inklusiven Kindergärten bekannt sind. Auch dort spielt das behinderte Kind oft das Kind im Vater-Mutter-Kind-Rollenspiel. Klein u. a. (1987, im Internet) weisen darauf hin, dass in der Versorgungshaltung sehr unterschiedliche und sehr dynamische Aspekte enthalten sind.

Therapie

Studien zur Wirksamkeit von Frühförderung, Frühtherapie und unterschiedlichen Interventionen zeigen, dass deterministische Vorgehensweisen, wie sie oben im Stimulus-Response-Modell bereits beschrieben wurden, eher nicht zu anhaltenden Langzeiteffekten in der Gesamtentwicklung bei Kindern führen. Besser sind Ergebnisse dann, wenn der Lebensalltag des Kindes sowie seine Interaktionen und Bezugspersonen berücksichtigt werden. (Kühl 2002) Familien mit behinderten Kindern haben viel Entlastungsbedarf, der durch Therapieeinrichtungen unter Umständen in einen Therapiebedarf umgedeutet wird. Die Abgrenzung eines Bedarfs an zusätzlicher pädagogischer Begleitung, an Familienentlastung oder an Therapie mag manchmal nicht so leicht möglich sein. Im Zweifel darf aber nicht für die Therapie oder für eine Therapeutisierung des Alltags entschieden werden. Es gilt, den Mythos Therapie, der sowohl bei Professionellen als auch bei den Eltern weit verbreitet ist, auf eine reale Beurteilungsgrundlage zu stellen und der Vorstellung von „je mehr Therapie, umso besser" entgegenzutreten. Dagegen ist zu fragen:

Wie weit ist Therapie an einem Konzept der Anpassung und Korrektur von behinderten Kinder orientiert, das die Unterstützung der Stärken und Kompetenzen eines Kindes und seiner Bezugspersonen an einem meist uneinlösbaren Mythos von Heilung oder Besserung misst?

Wie weit gibt es neben der formulierten Absicht einen heimlichen Lehrplan, der in Kauf nimmt, dass das Selbstbild und das Selbstwertgefühl des Kindes untergraben wird, bei dem ein negatives von Defiziten bestimmtes Selbstbild vom eigenen Körper entsteht?

Wie weit wird in dem oben genannten Zusammenhang durch Therapie das Körpergefühl negativ beeinflusst, indem der Körper immer als ein zu korrigierender aufgefasst wird? Werden Schmerzen als Teil von Therapie toleriert oder für ein Hinbiegen auf die richtige Norm verwendet? Wie soll der eigene Körper lustvoll, angenehm bis begehrenswert empfunden werden, wenn durch die Therapie permanent das Gegenteil vermittelt wird? Wird hier über Therapie ein Anteil an gesellschaftlicher Ablehnung mittransportiert?

Wird bezogen auf verschiedenste (hypothetische) Störungen des Zentralnervensystems im Sinne von Schädigungen oder Dysfunktionen des Gehirns von einer nur sehr beschränkt richtigen Theorie der Plastizität des Gehirns durch Übungen ausgegangen und das soziale Beziehungsumfeld und die Motivation des Kindes vernachlässigt? (vgl. Schönwiese 1998)

Empirische Analysen von Schlack (1994) aus dem Bereich der Medizin zur Effektivität von Frühförderung und Therapien mit behinderten Kindern belegen die geringe kausale Wirksamkeit von Therapieformen, die psychosoziale Bedingungen ausblenden. Der Autor zieht folgende Schlussfolgerung:

> „Die Folgen angeborener organischer Hirnschädigungen sind therapeutisch offenbar nur in engen Grenzen zu beeinflussen. (...) Die Sorge um die psychosozialen Bedingungen, in denen ein entwicklungsgestörtes oder behindertes Kind aufwächst, ist kein schmückendes karitatives Beiwerk, sondern ein essentieller Teil einer rationalen Vorgehensweise. Ein Konzept, das auch bei organisch bedingten Entwicklungsstörungen therapeutische Interventionen auf der psychosozialen Ebene in den Mittelpunkt stellt, wird von den Ergebnissen der vorliegenden empirischen Studien besser gestützt als eine Therapietheorie, die in erster Linie das Training beeinträchtigter Funktionen als kurativen Faktor bewertet." (Schlack 1994, im Internet)

Im Klartext bedeutet das, dass die weit verbreiteten therapeutischen Übungsverfahren bei Kindern mit angenommenen geringen oder nachgewiesenen größeren Hirnschädigungen keinen dauerhaften Besserungseffekt bewirken. Die Plastizität des Zentralnervensystems ist weniger mit Anpassungsprogrammen als mit der Berücksichtigung zentraler Motivationen verbunden (vgl. von Lüpke 2011, im Internet), oder mit dem, was Hüther (o. J., im Internet) „Begeisterung" nennt. Verbesserung in der Entwicklung der Kinder sind dort zu erwarten, wo z. B. den Eltern und begleitendem pädagogischen Personal geholfen wird, besser mit der Situation fertig zu werden, und dort, wo eine Therapeutin zu dem behinderten Kind und anderen beteiligten Kindern (z. B. Geschwistern oder Kindern in der Schule) eine gute Beziehung herstellen kann, kurz: wenn auch systemisch agiert wird. Die zahlreichen Therapietechniken und Fördermethoden für behinderte Kinder, Jugendliche und Erwachsene haben eine untergeordnete Rolle gegenüber dem Bemühen, eine sichere soziale Situation herzustellen. Es gilt, die zentralen familiären Bezugspersonen sowie die unterrichtenden und therapierenden Personen in ihrer Fähigkeit zu unterstützen, Dialog herzustellen und Beziehungsarbeit zu leisten. Dies dürfte die größte Bedeutsamkeit im Therapieprozess haben.

Eine wichtige Frage zur Beurteilung von Therapien ist außerdem, ob diese die Bewältigung von Problemen des Alltags unterstützen. Bei manchen therapeutischen Verfahren ist schließlich ein Abhängigwerden zu beobachten. Therapie hat in diesem Fall keine Grenze, das Beenden von Therapie ist als Ziel nicht vorgesehen (außer es entsteht „Heilung"), lebenslange Therapiebedürftigkeit wird bei der betreffenden Person mit Behinderung angenommen. Es ist anzunehmen, dass vielfach jahrelang und stereotyp durchgeführte Therapien die für behinderte Kinder erschwerten Ablösungsprozesse innerhalb der Familie behindern.

Therapien nach bestimmten Therapie-Techniken haben einen wichtigen Stellenwert im Rahmen inklusiver Pädagogik. Sie müssen allerdings danach bewertet werden, wie weit sie als Technik manipulativ sind oder demgegenüber Spielräume eröffnen und dabei Eigentätigkeit, Erfahrung und Dialoge ermöglichende Rahmenbedingungen unterstützen oder schaffen.

Die Protokolle über Sandras Schulbesuch verdeutlichen sehr gut unterschiedliche Konzepte von Therapie. Die Ergotherapie entspricht anfangs einem eher traditionellen therapeutischen Übungsverfahren:

> „Bei der Ergo-Therapie in der Klasse arbeitet sie nicht gut mit. Sie sollte Formen aus Holz, die in einen Würfel geworfen wurden, mit den Augen fixieren. Dies gelingt ihr nicht. Die Ergotherapeutin ist nicht sehr zufrieden." (Sandras erstes Schuljahr, Seite 33 f.)
>
> „Die Ergotherapeutin meint, dass Sandra nie eine bewusste Greifbewegung machen wird. Sie meint, die Reaktionen sind nur reflektorisch. Wir finden, dass Sandra sehr wohl bewusst reagiert, wenn auch nur in einem äußerst eingeschränkten Rahmen. So sind unsere Meinungen doch sehr unterschiedlich. Die Ergotherapeutin wäre für eine Ganztagsunterbringung, um die Mutter zu entlasten." (ebd. Seite 46 f.)

Demgegenüber steht die Haltung der Physiotherapeutin, die sich klar für Sandras schulische Inklusion ausspricht:

> „Die Auslagerung der Physiotherapie von daheim zuerst in den Kindergarten und dann in der Schule brachten für meine Arbeit mit Sandra viele Vorteile. Einerseits war die räumliche Ausstattung vielfältiger, andererseits ergaben sich viele Situationen, in denen therapeutische Übungen in sinnvolle soziale Zusammenhänge gebracht werden konnten. Wenn ich sie z. B. in eine aufrechte Sitzhaltung brachte, dann war es für sie außerordentlich motivierend, wenn Kinder mit ihr kommunizierten und Interaktionsangebote machten. Die Übung machte für Sandra dann einfach viel mehr Sinn und mir erleichterte es die therapeutische Arbeit." (Sandras erstes Schuljahr, Seite 41)

Sandra bezog zu diesen unterschiedlichen Angeboten eindeutig Position und kommunizierte diese ganz klar:

> „Die Ergotherapeutin kommt zum ersten Mal wieder. Sandra stellt sich ‚tot‘ und kooperiert überhaupt nicht mit ihr, ganz im Gegensatz zur Physiotherapie." (Sandras zweites Schuljahr, Seite 52)

Kooperation am gemeinsamen Gegenstand

Der Bericht über Sandra spiegelt die Richtungen der Aufmerksamkeit der beteiligten Erwachsenen wieder, der Lehrerinnen und Therapeutinnen. Zentrale Ausgangspunkte sind auf der Sorge um Grundbedürfnisse und Grundfunktionen gegründete Beobachtungen, z. B. Schlafen oder Wachsein, Essen, Verdauung und Ausscheiden, Verhindern von Verschlucken, Atem und Köperrhythmus, Köperspannung, Schmerz und Schmerzreduktion, Lagerung und Hilfsmittel, Weinen und Tröstbarkeit, Folgen von Medikation, Stimmungen, Reaktion auf Geräusche und unterschiedliche Personen. Diese sorgende Zuwendung ist entscheidender Indikator für den Versuch, im Respekt vor der Person Sandra sichere Bindung herzustellen und als Mittel dazu dialogische Dynamiken in Gang zu halten. Dies gelingt im Setting Schule aber nicht nur in dyadischer Zuwendung von Lehrerinnen und Therapeutinnen zu Sandra, entscheidend wird die Dynamik von anderen Kindern in Gang gehalten, also in einer triadischen Konstruktion: Interaktion von Sandra mit den Lehrerinnen und Kindern vermittelt über gemeinsame Tätigkeiten oder sogenannte gemeinsame Gegenstände. Feuser definiert in Verbindung mit der Aneignungstheorie Integration als „Kooperation am gemeinsamen Gegenstand":

> „… gegen das Prinzip der ‚Parzellierung und Reduzierung‘ der Bildungsinhalte in einen additiven, unvermittelt nebeneinander existierenden Fächerkanon … setzen wir die zentrale Kategorie der ‚Projektarbeit‘ und ‚Kooperation am gemeinsamen Gegenstand‘. (Feuser 1989, im Internet; vgl. dazu auch Ziemen 2002, im Internet; Gudjons 2014)

Dass dies sehr weit gemeint ist, dokumentierten schon Klein u. a. anhand der systematischen Beschreibung einer Fülle inklusiver Prozesse,

> „die abliefen, ohne daß alle Kinder in ,raum-zeitlicher Einheit' an einem Gegenstand, der von jedem Kind als ,gemeinsamer' Gegenstand erfaßt wurde, kooperierten … Dazu ist allerdings zu sagen, daß Feuser bei praktischen Beispielen sowohl den Begriff der Kooperation wie den des gemeinsamen Gegenstandes stark ausdehnt, wenn er etwa die Erfassung von Geruch und Vibration durch ein schwerstbehindertes Kind, das in räumlicher Nähe zu den anderen Kindern einzeln betreut wird, anführt …" (1987, im Internet)

Ein gutes Beispiel für Kooperation am gemeinsamen Gegenstand ist in den Protokollen zu Sandra zu finden:

> „In der Turnstunde ist Sandra mit dabei. Die Kinder beziehen sie bei den Laufspielen mit ein: Sandra liegt in der Mitte des Turnsaals auf einer Matte, die Kinder laufen und springen um sie herum. Das Vibrieren des Bodens und die Laufgeräusche der Kinder mag Sandra besonders gerne. Manchmal schieben die Kinder auch ihren Rollstuhl bei Laufspielen." (Sandras erstes Schuljahr, Seite 32)

Nachsatz

Inklusion ist mit intensiven sorgenden Auseinandersetzungen aller Beteiligten verbunden und lebt von einer Begeisterung, andere Menschen wahrzunehmen, sie zu verstehen, mit ihnen zu kommunizieren und zu kooperieren. Genau das beinhaltet der vielzitierte Satz „Der Mensch wird am Du zum Ich"(Buber zit. z. B. nach Feyerer/Prammer 2002, im Internet). Dabei darf die aktive Rolle aller Kinder als zentraler TrägerInnen von Inklusion nicht übersehen oder unterschätzt werden. An klaren bildungspolitischen Entscheidungen liegt es, für Inklusion günstige Bedingungen zu schaffen, um den Potentialen solcher Dialoge über richtige Rahmenbedingungen und begleitende Weiterbildung der beteiligten Erwachsenen entsprechend Raum zu geben.

Literatur

Feuser, Georg (1989). Allgemeine integrative Pädagogik und entwicklungslogische Didaktik. In: Behindertenpädagogik, 1/1989, S. 27-28. Im Internet: http://bidok.uibk.ac.at/library/feuser-didaktik.html (5.4.2016).

Feuser, Georg (1995). Behinderte Kinder und Jugendliche zwischen Integration und Aussonderung. Darmstadt: Wissenschaftliche Buchgesellschaft.

Feuser, Georg (1996). Geistigbehinderte gibt es nicht! Zum Verhältnis von Menschenbild und Integration. Vortrag beim 11. Österreichischen Symposium für die Integration behinderter Menschen, Innsbruck 1996. Im Internet: http://bidok.uibk.ac.at/library/feuser-geistigbehinderte.html (5.4.2016).

Feuser, Georg (2013). Die „Kooperation am gemeinsamen Gegenstand" – Ein Entwicklung induzierendes Lernen. In: Feuser, Georg/Kutscher, Joachim (Hrsg.): Entwicklung und Lernen. Stuttgart: Kohlhammer, 282-293.

Feyerer, Ewald; Prammer, Wilfried (2002). Gemeinsamer Unterricht in der Sekundarstufe 1 – Anregungen für eine integrative Praxis. Im Internet: http://bidok.uibk.ac.at/library/feyerer-unterricht.html (5.4.2016).

Gudjons, Herbert (2014). Handlungsorientiert lehren und lernen: Schüleraktivierung – Selbsttätigkeit – Projektarbeit. Bad Heilbrunn: Klinkhardt.

Holmes, Jeremy (2002). John Bowlby und die Bindungstheorie. München: Reinhardt Verlag.

Hüther, Gerald (o. J.). Begeisterung ist Doping für Geist und Hirn. Neue Erkenntnisse der Hirnforschung – Wie Eltern lernen können, sich selbst und ihre Kinder zu begeistern. Im Internet: http://www.gerald-huether.de/populaer/veroeffentlichungen-von-gerald-huether/texte/begeisterung-gerald-huether/index.php

Klein, Gabriele; Kreie, Gisela; Kron, Maria; Reiser, Helmut (1987). Integrative Prozesse in Kindergartengruppen. Über die gemeinsame Erziehung von behinderten und nichtbehinderten Kindern. München: Verlag Deutsches Jugendinstitut. Im Internet: http://bidok.uibk.ac.at/library/klein-prozesse.html (5.7.2016).

Kühl, Jürgen (2002). Was bewirkt Frühförderung? Über die Schwierigkeit, Wirkungszusammenhänge zu objektivieren. In: Frühförderung interdisziplinär 21. Jg., 1-10. Klein, Gabriele; Kreie, Gisela; Kron, Maria; Reiser, Helmut (1987). Integrative Prozesse in Kindergartengruppen. Über die gemeinsame Erziehung von behinderten und nichtbehinderten Kindern. München: Verlag Deutsches Jugendinstitut 1987. Im Internet: http://bidok.uibk.ac.at/library/klein-prozesse.html (5.4.2016).

Lüpke, Hans von (2011). Neurowissenschaften – Nutzen und Risiken für die Pädagogik. Vortrag bei der 23. Fortbildungstagung der AG Frühförderung im VBS am 23. Januar 2011 in Lübeck. Im Internet: http://bidok.uibk.ac.at/library/luepke-neurowissenschaften.html (5.4.2016).

Markowetz, Reinhard (1998). Dialogische Validierung identitätsrelevanter Erfahrungen – ein Konzept zur Entstigmatisierung von Schülerinnen und Schülern mit Behinderungen als Gegenstand und Ziel einer integrativen Pädagogik. Im Internet: http://bidok.uibk.ac.at/library/markowetz-validierung.html (5.4.2016).

Markowetz, Reinhard (2000). Identität, soziale Integration und Entstigmatisierung. Im Internet: http://bidok.uibk.ac.at/library/gl3-00-identitaet.html (5.4.2016).

Milani-Comparetti, Adreano (1996): Von der „Medizin der Krankheit" zu einer „Medizin der Gesundheit". Im Internet: http://bidok.uibk.ac.at/library/comparetti-milani_medizin.html (5.4.2016).

Milani-Comparetti, Adreano; Roser, Ludwig O. (1987) Förderung der Normalität und der Gesundheit in der Rehabilitation – Voraussetzung für die reale Anpassung behinderter Menschen. Im Internet: http://bidok.uibk.ac.at/library/mabuse_milani-normalitaet.html (5.4.2016).

Moser, Vera; Sasse, Ada (2008). Theorien der Behindertenpädagogik. München: Ernst Reinhardt-Verlag, UTB.

Schlack, Hans G. (1994). Interventionen bei Entwicklungsstörungen. In: Monatsschrift für Kinderheilkunde, Nr. 142/ 1994, 180-184. Im Internet: http://bidok.uibk.ac.at/library/schlack-entwicklungsstoerungen.html (5.4.2016).

Schöler, Jutta (1994). Nichtaussonderung von „Kindern und Jugendlichen mit besonderen Bedürfnissen". Auf der Suche nach neuen Begriffen. In: Eberwein, Hans (Hrsg.) (1994). Behinderte und Nichtbehinderte lernen gemeinsam. Handbuch der Integrationspädagogik. Weinheim: Beltz, 108-115.

Schönwiese, Volker (1998). Problemfeld Therapie. In: betrifft: Integration 4/98, 6-9. Im Internet: http://bidok.uibk.ac.at/library/schoenwiese-therapie.html (5.4.2016).

Stokowy, Martin; Sahhar, Nicola (Hrsg.) (2012). Bindung und Gefahr. Das Dynamische Reifungsmodell der Bindung und Anpassung. Gießen: Psychosozial Verlag.

Ziemen, Kerstin (2002). Anerkennung und Aneignung – grundlegende Kategorien einer Behindertenpädagogik/Integrativen Pädagogik. Im Internet: http://bidok.uibk.ac.at/library/ziemen-kategorien.html (5.4.2016).

Claudia Niedermair

Doing Inclusion[1] – Lehrpersonen als tragende Säulen der Inklusion

> Je schwerer eine Behinderung ist,
> desto notwendiger braucht ein Kind die vielfältigen Anregungen der
> nichtbehinderten Kinder,
> deren Bewegungen es mit den Augen verfolgen kann,
> deren Geräusche es mit den Ohren wahrnimmt,
> deren Geruch es mit der Nase unterscheiden kann,
> deren Hände es am eigenen Körper spürt.
>
> Jutta Schöler (1989)

Diese vielzitierten Worte von Jutta Schöler, der „Grande Dame" der Inklusionsbewegung für den deutschsprachigen Raum, waren und sind für mich noch immer wegweisend, nicht nur für mich persönlich, sondern für eine ganze Generation von Eltern und PädagogInnen, die sich in Österreich Anfang der 1980er Jahre auf den Weg machten, für den gemeinsamen Unterricht von behinderten und nichtbehinderten Kindern, wie es damals hieß, zu kämpfen. Der Begriff Inklusion war nicht geläufig, man redete von Integration und meinte doch Inklusion: nämlich einen Kindergarten und eine Schule für alle, ohne Einschränkung. Die Idee so einfach und klar wie Jutta Schölers Worte: Eltern wünschten sich und forderten, dass ihre Kinder – wie alle anderen auch – ganz selbstverständlich in den Kindergarten und die Sprengelschule im Dorf gehen dürfen und keine Sondereinrichtung irgendwo anders besuchen müssen, mit notwendigen Rahmenbedingungen und Unterstützung für eine gute Entwicklungsbegleitung.

Sandras Geschichte berührt und wühlt auf. Berührend, weil mit dieser Geschichte von Sandra und ihren MitschülerInnen, LehrerInnen und BegleiterInnen Jutta Schölers einfachen Worten Leben eingehaucht wird, ein ganz normaler Alltag beschrieben wird, mit Höhen und Tiefen, Freuden und Sorgen, weil mit großer Achtsamkeit versucht wird, die Äußerungen und Regungen von Sandra zu deuten, ernst zu nehmen und eine Umgebung zu kreieren, die ihr zunächst einfach einmal gut tut und dadurch entwicklungsfördernd wirkt. Weil immer wieder aufblitzt, wie sehr sich Sandra im Kreise der Kinder wohlfühlt, aufmerksam und aktiv wird – und wie leicht die Kinder miteinander in Kontakt kommen. Aber auch aufwühlend, weil sich vor allem die eine Frage aufdrängt: Warum sind sol-

---

1 Doing Inclusion wurde übernommen vom Titel einer Publikation von Dorrance/Dannenbeck.

che Geschichten, solche Bilder, wenn auch je einzigartig, nach mehr als 30 Jahren Erfahrung und Engagement von Eltern und PädagogInnen noch immer nicht selbstverständlich geworden, warum ist es notwendiger denn je, eine Geschichte wie die von Sandra und der Ermöglichung ihrer Teilhabe in der Schule zu veröffentlichen?

Kinder wie Sandra, in österreichischen Schulen als „schwerstbehindert" kategorisiert oder aber als Kinder mit elementaren/basalen Lernbedürfnissen als alternativem Ausdruck für Kinder mit hohem Unterstützungsbedarf bezeichnet, besuchen heute vermutlich noch weniger die Regelschule als vor 20, 30 Jahren, zu Beginn der sogenannten Integrations-Bewegung. Verlässliche Zahlen für diese Vermutung gibt es mit Hinweis auf Datenschutz nicht, aber genügend Beobachtungen und Indizien zumindest aus meinem Bundesland. Ich sehe die erschreckende Gefahr einer neuen, deutlich schwieriger aufzubrechenden Segregation, die sich entlang des Konstrukts der Grenze von integrierbar/nicht integrierbar etabliert und einer Gruppe von Kindern mit Hinweis auf deren Wohl nun endgültig die Teilhabe verweigert oder verweigern will. (vgl. Feuser 2014) Gerade deshalb ist es so dringlich, Geschichten wie die von Sandra zu publizieren – als Beleg und Beweis dafür, dass gemeinsames Lernen uneingeschränkt ermöglicht werden kann, auch unter den alles andere als optimalen Bedingungen der gegenwärtigen Schule, als Zeichen für die Unteilbarkeit von Inklusion.

Entscheidend – Lehrpersonen und deren „beliefs"

Angelehnt an die Aussage von Adolf Ratzka, der Behinderung als eine Frage der politischen Macht und des Bewusstseins betrachtet, ist auch das Ermöglichen von Teilhabe abhängig vom Bewusstsein aller Beteiligten einerseits und dem Zugang zu politischer Macht zur Herstellung von Rahmenbedingungen und zur Ressourcen(um)steuerung andererseits. Während im fachlichen Diskurs der Begriff des „Bewusstseins" vergeblich gesucht wird, tauchen viele damit verknüpfte Fragestellungen unter der großen Überschrift von Einstellungen/Haltungen/Überzeugungen von Lehrpersonen auf. International hat sich der Begriff „Teacher Beliefs" durchgesetzt. Nach einer Phase nationaler und internationaler Forschungsarbeiten zu Fragen der Didaktik und Methodik einer „Pädagogik der Vielfalt" (Prengel 1993), zu ihren Rahmenbedingungen und Qualitätsindikatoren rückt das professionelle Handeln von Lehrkräften in inklusiven Kontexten vermehrt in den Blick. In einem breit angelegten, internationalen Forschungsprojekt erarbeitete die European Agency[2] ein „Profile for Inclusive Teachers" (Profil für InklusionslehrerInnen), das an erster Stelle zentrale Werthaltungen benennt und aus diesen „Attitudes and Beliefs" (Haltungen und Überzeugungen), „Essential

---

2 European Agency for Special Needs and Inclusive Education, vgl. https://www.european-agency.org/

Knowledge" (notwendiges Wissen) und „Crucial Skills and Abilities" (entscheidende Fertigkeiten, Fähigkeiten) ableitet (European Agency 2012). Übereinstimmend wird pädagogisches Handeln in der Lehrerinnenprofessionsforschung als ein Zusammenwirken von Wissen, Können, Überzeugungen und Werthaltungen sowie motivationalen, volitionalen Orientierungen und selbstregulativen Fähigkeiten beschrieben. (Biedermann 2013) Berufsbezogene Überzeugungen fassen Reusser und Pauli (2014) als „affektiv aufgeladene, eine Bewertungskomponente beinhaltende Vorstellungen über das Wesen und die Natur von Lehr-Lernprozessen, Lerninhalten, die Identität und Rolle von Lernenden und Lehrenden (sich selbst) sowie den institutionellen und gesellschaftlichen Kontext von Bildung und Erziehung, welche für wahr oder wertvoll gehalten werden und welche ihrem berufsbezogenen Denken und Handeln Struktur, Halt, Sicherheit und Orientierung geben". (ebd., 642; vgl. auch Moser et al. 2014) Überzeugungen/Beliefs wirken als eine Art Filter für das Wahrnehmen und Bewerten von Phänomenen und in Folge für das Handeln in pädagogischen Kontexten. Innerhalb dieses Diskurses um Teacher-Beliefs und deren Wirkmächtigkeit findet das Konzept der Selbstwirksamkeitsüberzeugungen (Bandura 1997) besondere Beachtung. Selbstwirksamkeitsüberzeugungen sind als selbstbezogene Kognitionen zu verstehen, welche das Zutrauen einer Person kennzeichnen, wenn Herausforderungen zu bewältigen sind oder Ziele in Hinblick auf eine bestimmte Aufgabe angestrebt werden. Das Konzept nach Bandura wurde von Loreman, Earle, Sharma und Forlin (2007) erstmalig für inklusive Kontexte genutzt. Lehrpersonen mit hohen inklusionsbezogenen Selbstwirksamkeitsüberzeugungen gehen nach Sharma et al. (2011) davon aus, dass Kinder mit spezifischen Bedürfnissen gut gemeinsam in einer Regelklasse unterrichtet werden können, wohingegen Lehrpersonen mit geringen inklusionsbezogenen Selbstwirksamkeitsüberzeugungen dies für nicht möglich halten. (Hecht 2014)

Sandra hatte wohl Glück: In obiger Terminologie ist sie auf Lehrkräfte mit höchst inklusiven Haltungen und Überzeugungen/Beliefs getroffen – Susi, Claudia, Doris, Marika – für die es normal und selbstverständlich war, dass Sandra einfach dazugehörte, zur Gemeinde, zur Schule, zur Klasse: Dazugehören, Willkommen-Sein – so einfach wie Jutta Schölers Worte. Damit verknüpft ist allerdings das Zutrauen in die eigenen Kompetenzen: sich in der Lage fühlen, ein gutes Lernumfeld für alle Kinder zu gestalten, Begegnungsräume zu ermöglichen und gleichzeitig Sandras spezielle Bedürfnisse zu erspüren und passende Angebote für sie zu entwickeln.

Als eine von mehreren Facetten von Selbstwirksamkeitserwartungen in inklusiven Settings wird die Bereitschaft und Fähigkeit zur multiprofessionellen Teamarbeit betrachtet – diese wird in Sandras Geschichte beispielhaft umgesetzt. Die wöchentliche therapeutische Unterstützung in der Regelschule scheint ein wichtiger Anker für alle Beteiligten zu sein: für Sandra selbst, das LehrerInnenteam und vermutlich auch für ihre Mutter. Der Austausch von unterschiedlichen professionellen Zugängen, verknüpft mit spezifischen Kompetenzen, schafft eine Form reflektierter Sicherheit für die beteiligten PädagogInnen als Grundlage ihres alltäglichen Handelns, das häufig auch als Suchbewegung beschrieben werden kann. Welche Lagerungen sind z. B. praktikabel, um sowohl Sandras körperlichen Bedürfnissen zu entsprechen und andererseits Teilhabe und Dialog in der Klasse mit allen Kindern zu ermöglichen?

Inklusive Haltungen sind notwendig, aber keine hinreichende Grundlage

Das Beispiel Sandra zeigt PädagogInnen mit hohen inklusiven Haltungen und Kompetenzen, denen es vermutlich in Kooperation mit Eltern, Direktion, Schulbehörde und Schulerhaltern gelungen ist, auch materiell passende Rahmenbedingungen zu gestalten und strukturelle Hindernisse zu überwinden. Wöchentliche Therapieangebote in Regelschulen sind zumindest in unserem Bundesland alles andere als selbstverständlich, gemeinsame Konsultationen mit behandelnden Ärzten sind mir unbekannt, personelle Ressourcen in dieser Art und diesem Umfang fast unmöglich, abgesehen von den Hilfsmitteln wie etwa dem Pflegebett, Rückzugsmöglichkeiten, Schaukelvorrichtungen für basale Angebote u. v. m. Inklusive Haltungen und das Zutrauen in die Möglichkeit, die mit Inklusion verbundenen Aufgaben/Herausforderungen zu bewältigen, sind unbestritten das tragende Fundament, aber es wäre und ist fatal, politische Fragen von Ressourcensteuerung, das Schaffen von geeigneten Rahmenbedingungen mit dem Hinweis auf Haltungen und Kompetenzen zu verschleiern – wiewohl es genau diese Haltungen waren, die zur Überwindung struktureller Barrieren führten.

Überzeugungen/Beliefs von Lehramtsstudierenden – ein Blick in die Ausbildung

Positive Haltungen sowie das Vertrauen in die eigene Kompetenz, gemeinsames Lernen aller Kinder ermöglichen zu können, sind essenziell auf dem Weg zu einer Schule für alle. Junge Menschen entsprechend vorzubereiten ist Aufgabe der PädagogInnenbildung. Cor de Meijer, ehemaliger Direktor der European Agency, formulierte prägnant: „Wir können auf vielen Ebenen über Inklusion sprechen: auf der Konzeptebene, der politischen Ebene, der normativen Ebene oder der Forschungsebene – aber am Ende ist es immer noch die Lehrkraft (und das Team – Anm. C. N.), die mit unterschiedlichsten Schülerinnen und Schülern zurechtkommen muss." (European Agency 2011, 5) In einem multiperspektivisch angelegten Forschungsprojekt der PH Oberösterreich und Vorarlberg (2011 – 2013) wurde der Frage nachgegangen, welche Einstellungen und Haltungen Studieren-

de und AbsolventInnen zur inklusiven Schule an diesen Einrichtungen aufweisen, welche Kompetenzen sie erwerben und wie sie die Rolle der Ausbildung diesbezüglich einschätzen. (Feyerer et al. 2014, im Internet) Aus einer theoretischen Perspektive ist der Zusammenhang zwischen Haltungen/Überzeugungen und Kompetenzen interessant. Loreman, Earle, Sharma und Forlin (2007) messen Selbstwirksamkeitsüberzeugungen eine stark prädiktive Wirkung für inklusive Haltungen bei. (siehe dazu auch Kim 2011; Malinen et al. 2012; Sharma et al. 2011) Forschungsbefunde lassen inklusive Einstellungen/Beliefs eher auf Fragen der praktischen Umsetzung und des Zutrauens in die Bewältigbarkeit der Aufgabe denn auf normativen Überlegungen gründen (Malinen et al. 2012). Ähnliche Ergebnisse berichten Dessemontet et al. (2011), wonach hohes Kompetenzgefühl mit positiveren Einstellungen korreliert. (Niedermair/Hecht 2015)
Ein höchst interessanter und nur auf den ersten Blick widersprüchlicher Befund zeigt sich in den quantitativen Daten des Forschungsprojekts, wonach StudienanfängerInnen zu Beginn des Studiums signifikant geringere Bedenken hinsichtlich der konkreten Umsetzung inklusiven Unterrichts zu erkennen geben bei gleichzeitig geringerer positiver Haltung zur inklusiven Schule. Im Laufe des Studiums verändern sich beide Werte in positive Richtung: Positive Haltungen zu inklusivem Unterricht nehmen zu, gleichzeitig steigen auch die Bedenken. Die qualitativen Ergebnisse aus Gruppendiskussionen lassen dennoch auf einen Zuwachs an Kompetenz schließen: Kompetentes LehrerInnenhandeln in inklusiven Settings wird deutlich differenzierter diskutiert, die Komplexität pädagogischen Handelns in heterogenen Gruppen scheint bewusster wahrgenommen zu werden. Lange Passagen der Studierenden aus höheren Semestern drehen sich um Fragen der Gestaltung von Lernarrangements, um Differenzierung und Individualisierung, um Fragen der Balance zwischen kindorientiert-offenem versus lehrergelenktem Unterricht; nicht um das OB, sondern um das WIE, um Dilemmata wie die Forderung nach Individualisierung und gleichzeitig Standardisierung oder einer normierenden Leistungsbewertung. Und während AnfängerInnen im Zusammenhang mit inklusivem Unterricht weitgehend Überforderung thematisieren, sind hohe Selbstwirksamkeitsüberzeugungen in Kombination mit einem funktionierenden Team bei Höhersemestrigen zu erkennen. „Ja, es braucht sicher viel Vorbereitung, aber ich würde es mir schon zutrauen, mit jemandem, mit dem ich mich gut verstehe …", steht stellvertretend für mehrere ähnliche Aussagen von Studierenden. (Niedermair/Hecht 2015, 198) Nachdrücklich und übereinstimmend führen alle Studierenden jedoch aus, deutlich zu wenig Kompetenzen für die praktische Umsetzung inklusiver Pädagogik entwickelt zu haben. Den Humanwissenschaften wird für die Entwicklung inklusiver Grundhaltungen eine sehr wichtige Rolle zugeschrieben, das Nachdenken über vulnerable, marginalisierte Gruppen, über kulturhistorische Zusammenhänge u. a. stärkt und motiviert Studierende, ihre tendenziell positiv normative Orientierung in der Berufspraxis umsetzen zu wol-

len. Allerdings wird ganz eindeutig die mangelnde Verankerung inklusionspäd-
agogischer Aspekte in den Fachdidaktiken/Fachwissenschaften aufgezeigt. „Was
fehlt, ist diese Heterogenität als Querschnittsthema zu sehen, und dass einfach
jede Lehrveranstaltung irgendwie darauf Bezug nehmen muss", brachte es ein
Student auf den Punkt. (Niedermair 2014)
Diese fragmentarisch ausgewählten Befunde stützen die Hypothese, dass Überzeugungen und Kompetenzen, Wollen und Können/Können und Wollen aufs
Engste miteinander verwoben sind und die Ausbildung deutlich mehr gefordert
ist, *auch* einen Rahmen für die Entwicklung von „skills and abilities" und damit
verknüpft Selbstwirksamkeitsüberzeugungen zu schaffen. Auf dieser Folie ist es
nicht verwunderlich, wenn auch enttäuschend und ernüchternd, dass nach wie
vor Grenzen von Inklusion diskutiert werden, die entlang der Behinderungska-
tegorien wie Mehrfachbehinderung, vor allem aber schwierigem Verhalten an-
gesiedelt sind (vgl. Dessemontet et al. 2011; Schwab et al. 2012; de Boer 2011;
Wilczenski 1992) – auch wenn sich deutlich veränderte Argumentationslinien
von einer eher caritativ-orientierten hin zu einer strukturell-systemischen Sicht-
weise zwischen StudienanfängerInnen und Höhersemestrigen zeigen.

Zurück zu Sandra

Es wird wohl auch in den nächsten Jahren für Kinder wie Sandra von einer Rei-
he glücklicher Zufälle abhängen, ob sie einen ähnlichen Weg gehen dürfen wie
Sandra und auf offene Arme in Regelschulen treffen, ob sie willkommen sind
oder nicht. Und ob Kinder die Möglichkeit erhalten, Kinder wie Sandra kennen
zu lernen, ihre Äußerungen und Regungen sensibel wahrzunehmen, darauf ein-
zugehen und Freude zu erfahren, wenn ein Dialog gelingt. Entscheidend werden
Lehrpersonen wie Susi, Claudia, Doris und Marika bleiben, die kompromisslos
„ja" zu allen Kindern sagen, sich mit allen Beteiligten vernetzen, notwendige Rahmenbedingungen einfordern und trotzdem kreativ und flexibel auch mit Provi-
sorien umgehen können. Jungen LehrerInnen bleibt zu wünschen, dass sie auf
solche LehrerInnen/MentorInnen treffen, die ihre in der Ausbildung angelegten
Bereitschaften sehen, sie bestärken und ihnen Sicherheit geben, trotz Herausfor-
derungen nicht aufzugeben und noch und noch einen anderen Weg zu suchen.
Ausbildung wird weiterhin gefordert sein, was ihr in Ansätzen bereits gelingt, den
Studierenden ein umfassendes Wissen und einen offenen Blick auf Inklusion zu
ermöglichen und Erfahrungsräume zu schaffen, in denen inklusionsbezogene
Selbstwirksamkeitsüberzeugungen aufgebaut werden können. Das Denken im
Widerspruch, die Ermutigung, Fehler zu machen, und auch das Zulassen von
Erfahrungen des Scheiterns sind als institutionelle Kultur zu etablieren, wenn
die hohen, nicht immer praxistauglichen Ansprüche Studierender und Lehren-
der nicht hemmend wirken sollen. ‚Doing Inclusion' ist mehr als ‚Denken über'

Inklusion und Inklusionsrhetorik. (Dorrance/Dannenbeck 2013) Dazu braucht es überzeugende, authentische, kompetente und glaubwürde Personen, gleich in welchem Handlungsfeld, solche wie Susi, Doris, Claudia, Marika oder Petra (Flieger), deren Engagement die Geschichte von Sandra erst zugänglich macht.

Literatur

Bandura, Albert (1997). Self-efficacy: The exercise of control. New York: Freeman.

Biedermann, Horst (2013). Auf den Ausbildungsort kommt es an? Lerngelegenheiten in der Lehrerausbildung und berufsbezogene Überzeugungen bei Studierenden am Ende der Lehrerausbildung. Erziehung und Unterricht, 163 (1-2), 62-70.

de Boer, Anke; Pijl, Sip Jan; Minnaert, Alexander (2011). Regular primary schoolteachers' attitudes towards inclusive education: a review of literature. International Journal of Inclusive Education, 15(3), 331–353.

Dessemontet, Rachel S.; Benoit, Valérie; Bless, Gérard (2011). Schulische Integration von Kindern mit einer geistigen Behinderung – Untersuchung der Entwicklung der Schulleistungen und der adaptiven Fähigkeiten, der Wirkung auf die Lernentwicklung der Mitschüler sowie der Lehrereinstellungen zur Integration. Empirische Sonderpädagogik, 3 (4), 291-307.

Dorrance, Carmen; Dannenbeck, Clemens (2013). Doing Inclusion. Inklusion in einer nicht inklusiven Gesellschaft. Bad Heilbrunn: Klinkhardt Verlag.

European Agency (2011). Inklusionsorientierte Lehrerbildung in Europa. Chancen und Herausforderungen. Im Internet: https://www.european-agency.org/sites/default/files/te4i-challenges-and-opportunities_TE4I-Synthesis-Report-DE.pdf (2.6.2016).

European Agency (2012). Profile for Inclusive Teachers. Im Internet: https://www.european-agency.org/sites/default/files/Profile-of-Inclusive-Teachers.pdf (2.6.2016).

Feuser, Georg (2014). Inklusion heute – Inklusion morgen? Erziehung und Unterricht, 3-4. 200-203.

Feyerer, Ewald; Dlugosch, Andrea; Hecht, Petra; Niedermair, Claudia; Prammer-Semmler, Eva; Reibnegger, Harald (2014). Einstellungen und Kompetenzen von LehramtsstudentInnen und LehrerInnen zur Umsetzung inklusiver Bildung. Forschungsbericht. Im Internet: http://ph-ooe.at/fileadmin/Daten_PHOOE/Inklusive_Paedagogik_neu/Sammelmappe1.pdf (2.6.2016).

Hecht, Petra (2014). Inklusionsbezogene Selbstwirksamkeitsüberzeugungen. Erziehung und Unterricht, 3-4, 228-235.

Hecht, Petra; Niedermair, Claudia; Feyerer, Ewald (2016). Einstellungen und inklusionsbezogene Selbstwirksamkeitsüberzeugungen von Lehramtsstudierenden und Lehrpersonen im Berufseinstieg – Messverfahren und Befunde aus einem Mixed-Methods-Design. Empirische Sonderpädagogik, 86-102.

Kim, Ji-Ryun (2011). Influence of teacher preparation programmes on preservice teacher's attitudes toward inclusion. International Journal of Inclusive Education, 15 (3), 355-377.

Loremann, Tim; Earle, Chris; Sharma, Umesh; Forlin, Chris (2007). The development of an instrument for measuring pre-service teacher's sentiments, attitudes, and concerns about inclusive education. International Journal of Special Education, 22 (2), 150-160.

Malinen, Olli-Pekka; Savolainen, Hannu; Xu, Jiacheng (2012). Beijing in-service teacher's self-efficacy and attitudes towards inclusive education. Teaching and Teacher Education, 28, 526-534.

Moser, Vera; Kuhl, Jan; Redlich, Hubertus; Schäfer, Lea (2014). Beliefs von Studierenden sonder- und grundschulpädagogischer Studiengänge. Zeitschrift für Erziehungswissenschaft, 17 (4), 661-678.

Niedermair, Claudia (2014). Gruppendiskussionen zur Wirksamkeit der LehrerInnenausbildung. Erziehung und Unterricht, 3-4, 253-261.

Niedermair, Claudia; Hecht, Petra (2015). Einstellungen und Kompetenzen von LehramtsstudentInnen und LehrerInnen zur Umsetzung inklusiver Bildung. In: H. Redlich, G. Wachtel, K. Zehbe, V. Moser (Hrsg.). Veränderung und Beständigkeit in Zeiten der Inklusion. Perspektiven Sonderpädagogischer Professionalisierung. Klinkhardt: Bad Heilbrunn. 189-200.

Prengel, Annedore (1993). Pädagogik der Vielfalt. Wiesbaden: Verlag für Gesellschaftswissenschaften.

Reusser, Kurt; Pauli, Christine (2014). Berufsbezogene Überzeugungen von Lehrerinnen und Lehrern. In: E. Terhart et al. (Hrsg.). Handbuch der Forschung zum Lehrerberuf. Münster, New York: Waxmann, 642-661.

Schöler, Jutta (1989). Kleine bunte Wedel: Erschienen in: TAFIE (Hrsg.). Pädagogik und Therapie ohne Aussonderung. 5. Gesamtösterreichisches Symposium 1989, 9-24.

Schwab, Susanne; Gebhardt, Markus; Tretter, Tobias; Rossmann, Peter; Reicher Hans; Ellmeier, Barbara (2012). Auswirkungen schulischer Integration auf Kinder ohne Behinderung – eine empirische Analyse von LehrerInneneinschätzungen. Heilpädagogische Forschung, 38 (2), 54-65.

Sharma, Umesh; Loremann, Tim; Forlin, Chris (2011). Measuring teacher efficacy to implement inclusive practices. Journal of Research in Special Educational Needs, 12 (1), 12-21.

Wilczenski, Felicia (1992). Measuring Attitudes toward Inclusive Education. Psychology in the Schools, 29, 306-312.

Ines Boban und Andreas Hinz

Achtsamkeit in der Inklusion: Sandra lehrt, was wirklich von Bedeutung ist

Möglichkeiten, gemeinsam zu handeln, tun gut. Gelegenheiten, voller Achtsamkeit gemeinsam Prozesse zu gestalten, wirken sich auf alle beteiligten Personen aus. Das hier preisgegebene Protokoll von Sandras Zeit in der Grundschule endet mit einem Dank der Lehrerin an ihre sie etwas lehrende Schülerin. Was genau könnte das Geschenk sein, das Sandra dem Kreis an Menschen um sie herum und ihrer Lehrerin machte? Ihre fragile Konstitution – von der immer wieder die Rede ist – führt allen die altbekannte und bei achtsamer Selbstwahrnehmung allen innewohnende Erkenntnis vor Augen:

> „Ich bin nicht ohnmächtig, ich kann nicht gar nichts.
> Ich bin nicht allmächtig, ich kann nicht alles.
> Ich bin teilmächtig. Ich kann, was ich kann."
> (Ruth Cohn)

Teilmächtig handeln: Denken in Ergänzungsdimensionen

Menschen brauchen einander – und es braucht viel achtsames Suchen, was das richtige Maß an Ergänzung ist; davon zeugen die Notizen der sich einfühlen wollenden Lehrerin. Das Gefühl und die Überzeugung, zum Beispiel nach Erhalt einer schwerwiegend erscheinenden Diagnose, nichts verändern zu können, lähmen und machen aus potenziellen AkteurInnen abwartende, oft (latent) depressive, allenfalls reagierende Personen. Das Pendant hierzu stellt die Gefangenheit in der ,Allmachtsfalle' dar, wenn einige Wenige in Aktionismus verfallen und die ,Fallhöhe' zuweilen beträchtlich wird.

Weise ist es hingegen, quasi einen Unterstützerkreis zu bilden mit der Frage: „Wie stellen wir uns die schönste aller jeweiligen Zukünfte – Tag für Tag, Moment für Moment – für dieses Kind vor und wie bereiten wir den Weg dafür? Wie begleiten wir es?" Und diese Frage erinnert zugleich daran, dass für jeden Menschen der je nächste Atemzug die höchste Bedeutung hat. Sandra ist in dieser Hinsicht eine Achtsamkeit Lehrende. Da unabsehbar ist, wann bei wem das Rasseln beim Atmen auf den letzten Atemzug hindeutet, ist Sandras Zustand eine ständige Verbindung zu Stings Song mit dem Refrain: „How fragile we are!" (In den folgenden, kursiv geschriebenen Texten zeichnen wir unsere durch die Beschreibung von Sandras Schulzeit ausgelösten Assoziationen auf.)

Als ein Kind zur Welt kam, bei dem die Ärzte bald feststellten, dass es das 22. Chromosom dreimal besaß, erklärten sie, dass dies sehr selten sei und eigentlich zur Fehlgeburt hätte führen müssen. Es wäre so nicht lebensfähig und werde sicher kein Jahr alt werden. Zum 18. Geburtstag der jungen Frau wurden quasi aus Fortbildungsgründen die Ärzte eingeladen. Bei ihrem 30. Geburtstag waren die Ärzte bereits verstorben und so erübrigt sich jeder Gedanke an sie, als vor einiger Zeit der 40. gefeiert werden konnte. Vorsicht also bei medizinisch begründeten Prognosen ...

Sandra löst Impulse in den sie umgebenden Menschen aus, immer wieder – mitten aus dem Alltagsgeschehen heraus – Ideen und Lösungen zu suchen und zu finden. Und sie erkennen Ressourcen und BündnispartnerInnen, wie am Beispiel der ArchitekturstudentInnen und deren Bau eines ergonomisch passenden Stuhls für sie plastisch wird.

Gerade Menschen mit sehr hohem Unterstützungsbedarf fordern ihr Umfeld immer wieder dazu heraus, darüber nachzudenken, was im Leben von elementarer Bedeutung ist, und inspirieren insofern geradezu dazu, in diesem Sinne inklusiv sozialästhetische Situationen zu gestalten. (vgl. Hetzner/Podlesch 1994) Sie verdeutlichen für alle die offensichtliche Tatsache:

> „Es gibt nicht den einen Menschen. Menschen gibt es nur im Plural."
> (Hannah Arendt)

,PluralistInnen' ergänzen sich: Allein ist alles nichts

Sandra hat – diesem Text entnehmbar – einige ErgänzerInnen: ihre MitschülerInnen, ihre Lehrerinnen, ihre Assistentinnen (Stützkräfte), ihre Therapeutinnen und natürlich ihre Mutter. Die Häufigkeit der Annahme im Protokoll, dass sie alle erkenne, schildert eine Umgebung der Geborgenheit und die Hoffnung, dass Sandra sich in einem Miteinander verwoben fühlt und nicht allein als quasi ,anderes Einzelwesen' in einer Gruppe ,Eigentlicher' aufbewahrt fühlt. Das Geschenk dieser Konstellation ist, dass so alle Beteiligten die je eigen innewohnende Sehnsucht nach dem Angenommen- und Getragen-Sein – so wie man ist und so wie man sein könnte – erfahren. Die Zuwendung der Erwachsenen ist hier ein offen lesbares Modell für die dies miterlebenden Kinder.

Im Film „Klassenleben" (Siegert 2006), gedreht an der berühmten Flämig-Grundschule in Berlin-Friedenau, wird dies auch für externe BetrachterInnen zugänglich, wenn die progredient erkrankte Schülerin bis kurz vor ihrem Lebensende immer wieder – gehalten durch eine Assistentin – Teil eben dieses Klassenlebens ist. An dieser Schule, die einst durch Eltern des integrativen Kinderhauses Friedenau als erste staatliche Grundschule Deutschlands einen integrativen Schulweg erkämpfte, gab es immer wieder die Bereitschaft, Kinder mit sehr ausgeprägtem Unterstützungsbedarf aufzunehmen, was zunächst fast unvorstellbar und später weiterhin selten und immer ein

bisschen exotisch war (vgl. Hinz 1987, 1992, 2007). Die im Protokoll zu findenden Konditionen scheinen etwa den damaligen zu entsprechen.
Zu den Interaktionen zwischen den SchülerInnen ist vieles implizit aus verschiedenen Textstellen herauslesbar. Es ist demnach für Sandra wie für ihre KlassenkameradInnen von hoher Bedeutung, dass sie miteinander so ‚zur Schule gehen‘, wie sie es auch getan hätten, wenn nichts Sandras Konstitution so beeinträchtigt hätte, wie es aber nun einmal ihr Schicksal war. Damit vermittelt diese Art des Umgangs mit Sandras – elementaren – Bedürfnissen allen, dass dieser Ort (also diese Mutter plus diese Klasse plus diese Lehrerinnen plus diese Schule plus diese Gemeinde Wiener Neudorf) bereit ist, miteinander zu suchen, zu finden und zu tragen. Und dies gibt den dies miterlebenden und eben auch mittragen könnenden Kindern dieser Klasse und in der Schule auch die Sicherheit vermittelnde Erkenntnismöglichkeit, an einem guten, Geborgenheit gebenden Ort zu sein. Damit ist dieses Klassenleben – wie der erwähnte Film – ein Lehrstück zu der Einsicht:

> „Inclusion means with, not just in!“
> (Marsha Forest)

Präsenz und Achtsamkeit:
Vom Sinn, innezuhalten und in Schritten vorzugehen

Achtsam sein bedeutet aus der Sicht der Kinder und der Erwachsenen, die Bedürfnisse Anderer – und hier die elementaren, für Sandra oft existentiell bedeutsamen – im Bewusstsein zu haben und nicht dogmatisch um jeden ‚Didaktik-Konzept-Preis‘ nach unterrichtlich gemeinsamen Handlungsmöglichkeiten zu suchen. Es ist das Zusammen-ein-Schulleben-Entwickeln selbst, das zum ‚with‘, zum ‚gemeinsamen Gegenstand‘ wird. Wäre Sandra nur vor Ort, nur ‚in‘ der gleichen Räumlichkeit, ohne Ausdruck des würdigenden Umgangs ihrer Person durch die Suche nach Möglichkeiten, ihr gerecht zu werden, wäre dies ein kränkender Akt.
Diese achtsame Art des Umgangs, wie sie hingegen im Protokoll über Sandras Partizipation in der Grundschule Wiener Neudorf dokumentiert – und im eben erwähnten Film anschaubar – ist, berührt offenbar alle, die den Sinn für das Wesentliche bewahrt haben. Als die Krankenkasse ein für die bessere Lagerung des fragilen Körpers von Sandra notwendiges Bett nicht finanzieren will, übernimmt die Gemeinde die Kosten hierfür. Sandras Status als Bürgerin ihrer Gemeinde, die also wie alle Kinder ihres Alters in die Schule der Gemeinde gehört, ist politisch. Und es zeugt von der ‚sozialen Klugheit‘ der sie umgebenden Verantwortlichen:

> „Es braucht viele Weise, um den ganzen Elefanten zu erkennen.“
> (indische Weisheit)

Weil Situationen immer komplex sind: Kollektive Wahrnehmung üben und gemeinsame Orientierung entwickeln

Das Protokoll über all die Zeit von Sandras Jahren in der Schule belegt, aus wie vielen Aspekten ein Alltag besteht und wie komplex er auch oder vielleicht vielmehr gerade dann ist, wenn der Unterstützungsbedarf eines Kindes besonders hoch ist. Scharmer (2009, 405 f.) konstatiert, dass es in vielen Gesellschaften an Formen kollektiver Wahrnehmung fehle, weshalb es sich oft als schwierig erweise, Veränderungen im Sinne echter Transformationsprozesse miteinander zu gestalten. (vgl. auch Koenig/Schweinschwaller 2016; Boban/Hinz 2016a)

Ein indisches Gleichnis zur Bestärkung des sich ergänzenden Miteinanders der unterschiedlich Wahrnehmenden wird – auch im Internet – in diversen Varianten erzählt, hier modifizieren wir es auf die Sandra umgebenden Menschen (alias ‚WissenschaftlerInnen') hin:

Ein indischer Fürst ließ einmal einen Elefanten in einen dunklen Raum bringen. Seine besten Wissenschaftler untersuchten den Elefanten. Einer betastete das Bein (PhysiotherapeutIn?) und sagte, dieses Wesen sei wie ein Baum. Ein anderer betastete das Ohr (LogopädIn oder hier ErgotherapeutIn?) und sagte, dieses Wesen sei wie ein großes Blatt einer Lotusblüte. Dem Erforscher des Rückens (MedizinerIn?) erschien es, als sei es ein Wesen, das einem Walfisch gleicht. Als der Narr (Mutter, gelegentlich vielleicht MitschülerInnen?) mit der Laterne auftauchte, wurde den Wissenschaftlern (PädagogInnen?) klar, dass jeder nur einen Teil der Wahrheit erfühlte. Ein Schlüsselelement inklusiver Diagnostik ist unserer Erfahrung nach das Diagnostische Mosaik (vgl. Boban/Hinz 1998, 2016b), bei dem es gerade über das Transparent-Machen intersubjektiver Wahrheiten der Beteiligten zu kollektiver Wahrnehmung und zur Entwicklung gemeinsamer Orientierung kommt.

In der ursprünglichen Fassung dieser Geschichte wollen die WissenschaftlerInnen die erhellende neue Situation nicht akzeptieren und fordern den Narren auf, die irritierende Laterne schnell wieder zu löschen. (vgl. Hüther 2009) Hier aber ist den Gedanken einer Pädagogin zu entnehmen, dass sie einen Blick für das soziale Kapital des kollektiven Wahrnehmens hat und nach weiter ergänzenden Wahrheiten sucht, z. B. wenn Fortbildungsangebote zur Basalen Stimulation wahrgenommen werden. Allerdings stellt es eine eigentümliche Wendung dar, wenn bei der diagnostischen Zusammenkunft im Ambulatorium Sandra nicht anwesend sein soll – eben weil sie alles verstehen könnte.

Bewusst auf den heterogenen Kreis um Sandra herum zu setzen und spiralförmig erweitert bis nach Wien oder ggf. in die Welt Ausschau zu halten, zeigt, man lässt sich auf die Beiträge Anderer als erhellende Aspekte ein und schätzt je andere Wahrnehmungs- und Handlungsweisen als Synergie. SkeptikerInnen und EuphorikerInnen, PragmatikerInnen und VisionärInnen können einander hier guttun, um neue Möglichkeiten auszuloten, wie auch die Beziehungsbeschreibung mit der Ergotherapeutin im Protokoll aufscheinen lässt.

„Es gibt zu viele Möglichkeiten, als dass man Pessimist sein kann. Es gibt natürlich auch allzu viele Krisen, als dass man einfach Optimist sein kann. Ich sage immer, ich bin Possibilist – ich sehe die Möglichkeiten."

(Jakob von Uexküll)

Denken in Alternativen ist alternativlos – PossibilistInnen gestalten Prozesse

Wenn die Menschen, die mit einem Kind in liebevoller, Verantwortung tragender Verbindung stehen – wie hier am Beispiel von Sandra dokumentiert –, sich offenen Herzens, Denkens und Willens (vgl. Scharmer 2009, 63 f.) fragen, wie sie sich die schönste aller Zukünfte vorstellen und wie sie Wege zu ihr gestalten können, entstehen in der Regel Bilder, die etwas mit Anerkennung in Gemeinschaft, Erfahrung von Wertschätzung, Partizipation an den üblichen Orten der Umgebung und partnerschaftliche Umgangsformen auf Augenhöhe, ein Leben ohne Frust und Stress, vielmehr erfüllt von Momenten im Flow, in Balance mit Muße, zu tun haben. (vgl. Boban/Hinz 2015) Das genau ist Inklusion. Insofern ist es hilfreich, sich im Denken in Möglichkeiten – und in Alternativen – zu üben. Das Universelle daran ist die Sehnsucht nach der Achtung der Menschenwürde – und insofern ist der Leitstern ‚Inklusion' so wichtig, so zentral und zentrierend für die gemeinsame Orientierung, wenn es die Situation würdigend wahrzunehmen und Schritte zu planen gilt. Zur ‚richtigen Zeit am richtigen Ort' zu sein, ist das zentrale Bedürfnis jedes Lebewesens (vgl. Liedloff 2006) – und es gibt vielfältige Risiken der Kränkung dieses Gefühls.

Mittels Zukunftsfesten in Unterstützerkreisen ist für dieses zentrale Bedürfnis nach ,Richtigkeit' viel Aufrichtiges zu tun. Und je höher der Unterstützungsbedarf einer Person und ihres Umfeldes bzw. je höher der Bedarf an Barrierenabbau, also der Veränderungsbedarf einer Situation in puncto Kulturen, Strukturen und Praktiken, umso sinnvoller (vgl. Gebhardt/Gredler 2015; Gebhardt/Müller 2015). Die Geschichten von Jens Ehler (vgl. Boban/Ehler/Ehler 2005; Ehler 2009), Astrid Hehlgans (vgl. Eckhardt/ Hehlgans 2015), Felix Kluge (vgl. Kluge 2003, 2007), Melanie Spähn (vgl. Bros-Spähn 2002, 2007), Katharina Spiess (vgl. Jerg/Sickinger 2014) und Philip Spitaler (vgl. Pohl 2011; Guttenberg 2014) wären ohne ihre Zukunftsplanungen in den von ihren Familien initiierten Unterstützerkreisen unvollständig (vgl. Kruschel/ Hinz 2015). Wir durften deren „Zukunftsfeste" in den von ihnen ,zusammengetrommelten' Unterstützerkreisen moderieren und dokumentieren (Boban/Hinz 1999; Boban 2007, 2008; Hinz/Kruschel 2013). Beim Zukunftsfest – der Begriff stammt von

einem Jugendlichen, der ‚Zukunftsplanung' viel zu offiziell und ‚Zukunftskonferenz'
viel zu arbeitsam fand und ein ‚Fest' wollte – lädt also eine Person bzw. ein System,
z. B. eine Familie, mit akuten „großen Fragen" (vgl. O'Brien/O'Brien 2000), die
sie nicht selbst beantworten kann, Menschen ein, denen sie eine Verbesserung der ak-
tuellen und künftigen Lebenssituation zutrauen. Wir möchten diese Stelle auch für
einen Dank an die drei und ihre Familien und deren Unterstützerkreise nutzen, da
wir durch sie so viele kostbare Erfahrungen schöpfen durften. Nina Hömberg, die viel
in diesem Kontext gearbeitet hat (vgl. Hömberg 2007), stellte einmal die These auf,
dass es bei unklaren Übergangsperspektiven häufig dazu komme, dass Menschen mit
elementaren Unterstützungsbedarfen schwer erkranken und sogar sterben würden. Ins-
besondere in solchen Zusammenhängen ist es also existenziell bedeutsam, miteinander
für Transparenz und ggf. Transformation zu sorgen und so gangbare Wege zu ebnen.
Unterstützerkreise organisieren und begleiten, dass dieses Grundbedürfnis nach
dieser Art der ‚Richtigkeit' auf viel gute Resonanz in diversen Möglichkeitsräu-
men stößt, weil sie wissen, dass starke Kreise aus starken Individuen bestehen und
umgekehrt. Aber auch ohne dieses explizite Vorgehen handeln Sandras Verant-
wortliche in diesem Sinne, wenn sie rechtzeitig für eine geregelte Perspektive nach
der Grundschulzeit sorgen. Denn es ist wichtig, sich aufgenommen, angenommen und anerkannt fühlen zu können, so wie man jeweils ist:

> „Richtigkeit ist das den Einzelwesen unserer Gattung
> angemessene grundlegende Gefühl von sich selbst."
> (Jean Liedloff)

Zur ‚richtigen Zeit am richtigen Ort' – Partnerschaft im ‚richtig Sein'

Die Gewissheit, zur richtigen Zeit am richtigen Ort zu sein, vermitteln alle Situationen, in denen Menschen partizipative Gestaltungsmöglichkeiten haben und sich im
umfassenden Sinne willkommen geheißen fühlen können. Runden, Räte, Kreise,
‚runde Tische', alle Formen von ‚Circles' also, die den Verzicht auf überholte Rol-
lenmuster und Rollendominanzen, weg von hierarchischen Autoritätsformen hin
zu partnerschaftlicher Präsenz (vgl. Eisler 2005) praktizieren, sind kompatibel mit
inklusivem Denken und Handeln. Dass ein solches Verständnis in der Alltagsgestal-
tung von Sandras protokollierter Schulzeit besteht, ist den Aufzeichnungen immer
wieder zu entnehmen. Hier kann ‚positive Interdependenz' von allen Beteiligten erfahren werden, wenn die anwesenden Menschen einander anregen und inspirieren.
Sandra ist extrem abhängig von den sie umgebenden und ihre Signale interpre-
tierenden Personen. Der Duktus ihrer Lehrerin zeugt von partnerschaftlicher Präsenz, und durch deren Anteil nehmender Zeugenschaft an Sandras Fragilität wird
zugleich die Interdependenz ihrer Beziehung ahnbar.

Den Ort nicht in Frage zu stellen und die ‚Richtigkeit' der Anwesenheit von Schüler-InnenInnen mit hohem Unterstützungsbedarf nicht anzuzweifeln, erscheint uns in nach wie vor segregativ angelegten Schulsystemen der einzig gangbare Weg, sich den ‚anfragenden' Kindern wirklich zuzuwenden – also ihrer Präsenz mit voller Präsenz zu entsprechen. Dies zeigen die Hamburger Geschichten von Emily Willkomm (vgl. Willkomm 1992; Eggers/Polzin/Willkomm 2004; Willkomm 2007) und Sven Olejnik (vgl. Olejnik/Ojejnik/Wibrow 2004).

Nur über die Bereitschaft, sich jeden Tag neu einzufühlen und Progression für möglich zu halten, Stagnation zu akzeptieren und Phasen der Regression als zum Leben gehörig zu sehen, lässt sich Alltag inklusiv – der Würde der Beteiligten gerecht werdend, eben wirklich partnerschaftlich – gestalten. Der Modus des ‚expansiv begründeten Lebens' (vgl. Boban/Hinz 2012, 2015) balanciert zwischen Phasen im ‚Flow' und im ‚Chill'; er sucht danach, Phasen des ‚Frusts' und des ‚Stresses', also defensiv begründete Lebenssituationen, zu reduzieren – wie die beschriebenen Suchbewegungen der Lehrerinnen und anderer Verantwortlicher für Sandra und ihren gemeinsamen Alltag mit ihr plastisch belegen.

> „Unser Ansatz einer subjektwissenschaftlichen Analyse geht von der Annahme aus,
> daß ein Mensch, solange er lebt, Handlungsalternativen hat.
> Resignation, woher sie auch kommen mag, bedeutet immer,
> daß man die Situation zu allgemein und zu global betrachtet,
> daß man nicht genau genug hinschaut oder hinschauen kann,
> um die eigenen Handlungs- und Bestimmungsmöglichkeiten zu sehen."
> (Klaus Holzkamp)

Expansiv miteinander leben: Defensivmodi überwinden

Dass es für niemanden genug ist, *in* einer Situation zu sein, sondern inklusive Qualität entsteht, wenn etwas *mit* anderen gemeinsam sich verbindend geschieht, ist die elementare Essenz dieser geschilderten Schuljahre Sandras. Ein Bedarf an Gleichklang mit anderen und die Chance des Engagements für andere ist hier erfahrbar. Gemeinsame Rituale und Feste, konzentriertes Tun und Handlungen, wie sie hier geschildert werden, und die eine äußere Ordnung schaffen – all dies sind nach von Münchhausen (2003) Aktivitäten, die die Seele in Balance halten. In-Bewegung-Sein, wie hier z. B. im Schwimmbad beschrieben, und körperliche Entspannungsformen überhaupt sind ebenfalls salutogenetisch wirksam.

Die Beschäftigung mit Kunst, Literatur, Natur, Musik, Gesang und Tanz, aber auch Danken, Heiterkeit, Gebete und Stille sind für ihn weitere, hierfür bedeutsame Elemente, die wahrscheinlich auch in Sandras Schulerleben bedeutsam waren. „Raum für die Seele" eines jeden Menschen besteht laut von Münchhausen dort, wo Mitgefühl, Verstehen, Annahme, Zeit, Zuhören, Zuwendung, Aufmerksamkeit und Unterstützung für die eigene Klarheit erfahren werden können. Raum für die Seele existiert dagegen nicht, wo ‚Wenn-Dann-Bedingungen' herrschen, wo mit Schuldgefühlen gearbeitet wird, wo Einschränkungen vorgenommen werden und Druck erzeugt wird: Veränderungsprogramme, Korrekturen, Ratschläge, Rechtfertigungsdruck, Bewertungen, Verurteilungen, Ansprüche und vorgesetzte Konzepte engen die Seelen aller Beteiligten ein und sind damit Barrieren für Partizipation. Der in diesen Protokollen sichtbar werdende Habitus der haltenden und schützenden Offenheit rund um Sandra befördert so die seelischen Kräfte und eröffnet damit den Raum für echte Lernprozesse bei allen daran teilhabenden Menschen. Claudia Müllers Aufzeichnungen belegen eine fast filigran zu nennende Suche nach alternativen Situationsgestaltungen für eine Schülerin mit einer sehr fragilen Kondition innerhalb eines auf ganz andere Prozesse hin angelegten Schulsystems. Sandra, bzw. ihre Verfasstheit, hebelt jegliche defensiv begründeten Lernkonstellationen aus und die eingangs erwähnten verschiedenen Lehrpläne – geschweige denn Konditionierungen durch Leistungsbewertung – prallen hier ganz offensichtlich ab bzw. sind augenscheinlich obsolet. So wird Sandras ‚So-Sein' zu einer Provokation für das bisher in der Schule für selbstverständlich Gehaltene und zu einem Katalysator für die Suche nach expansiv begründeten Lern- und Lebensmöglichkeiten, solange und dadurch dass ihre Zugehörigkeit zu dieser Klasse nicht in Frage gestellt wird.

Eine Freundin und Kollegin besuchte eine ehemalige Schülerin mit schwerer Mehrfachbehinderung bzw. elementaren Unterstützungsbedarfen, mit der sie die integrativ gestaltete Grund- und Sekundarstufenschulzeit erlebt hatte, immer wieder in der Institution, die nachschulisch ihr Lebensort wurde. Die Mutter hatte nicht mehr die Kraft gehabt, einen anderen Ort zu (er-)finden, geschweige denn zu erkämpfen. So kam die ehemalige Lehrerin schließlich zu der Einschätzung, die Schulzeit könnte die beste Zeit im Leben ihrer nunmehr sehr einsam wirkenden Schülerin gewesen sein.

In Deutschland gibt es immer wieder vereinzelte Geschichten eines achtsamen Umgangs mit hohen Unterstützungsbedarfen von Kindern im Gemeinsamen Unterricht aus Grund- und weiterführenden Schulen inmitten des ansonsten gegliederten Schulwesens (vgl. Beispiele in Hinz 1992, 2007). Jüngst beeindruckt das Beispiel von Rebekka, die im Wachkoma die fünfte Klasse der Gesamtschule Köln-Holweide besuchte. (vgl. Schwager 2015)

Das Protokoll über Sandras Zeit in der hier wirklich allgemeinen Volksschule ermutigt – gemeinsam mit anderen Beispielen – dazu, sich an den Orten, an denen Kinder im Wachkoma oder mit vergleichbaren fragilen Konstitutionen leben, der Herausforderung des eigentlich Selbstverständlichen zu stellen und gemeinsam in Achtsamkeit zu lernen, was wirklich von Bedeutung ist. In den infogenen Zeiten des Zugangs zum Weltwissen durch diverse Medien fällt Schule mehr denn je die Rolle zu, sozial-ästhetische Situationen erfahrbar zu machen und Raum für Anteilnahme, Achtsamkeitsprozesse und Selbstregulierung (vgl. Bauer 2015) sicherzustellen. Die MitschülerInnen von Sandra und die verantwortlichen Menschen um sie herum verdanken insofern dem eigenen Mut ein echtes Lernfeld für Inklusion in Wiener Neudorf.

> „Die Entscheidung zur Veränderung bedarf ...
> oft einer beachtlichen Dosis Zivilcourage."
> (Joachim Bauer)

Schlusswort

Auch wenn aktuell rhetorisch extrem viel von Inklusion gesprochen, aber zumindest in Deutschland bildungspolitisch wenig für menschenrechtsbasierte inklusive Rahmensetzungen getan wird (vgl. Hinz 2013, 2016), machen sich doch immer wieder Einzelne auf den Weg, Kinder und Jugendliche in die allgemeine Schule aufzunehmen und sie dort beim gemeinsamen Aufwachsen zu begleiten, die auf den ersten Blick wenig beizutragen und zu geben zu haben scheinen. Das Beispiel Sandra zeigt jedoch, dass sie ermöglichen, gemeinsam über existenzielle Fragen nachzudenken, die sonst mit hoher Wahrscheinlichkeit nicht gestellt worden wären. Und dafür ist Danken mehr als angezeigt – und anderen entsprechende Zivilcourage dabei zu wünschen, dieses eigentlich doch selbstverständliche Menschenrecht zu realisieren.

Literatur

Bauer, Joachim (2015). Selbstregulierung. Die Wiederentdeckung des freien Willens. München: Blessing.

Boban, Ines (2007). Moderation persönlicher Zukunftsplanung in einem Unterstützerkreis – „You have to dance with the group!" Zeitschrift für Inklusion 2007, Nr. 1. Online unter: http://www.inklusion-online.net/index.php?menuid=26&reporeid=29.

Boban, Ines (2008). Bürgerzentrierte Zukunftsplanung in Unterstützerkreisen. Inklusiver Schlüssel zu Partizipation und Empowerment pur. In: Hinz, Andreas; Körner, Ingrid; Niehoff, Ulrich (Hrsg.): Von der Integration zur Inklusion. Grundlagen – Perspektiven – Praxis. Marburg: Lebenshilfe, 230-247.

Boban, Ines; Ehler, Jens; Ehler, Ulrike (2005). Persönliche Zukunftsplanung in einem Unterstützerkreis – oder: „Wo keine Hoffnung ist, muss man sie erfinden!" (Francisco Goya). In: Jerg, Jo; Armbruster, Jürgen; Walter, Albrecht (Hrsg.): Selbstbestimmung, Assistenz und Teilhabe. Beiträge zur ethischen, politischen und pädagogischen Orientierung in der Behindertenhilfe. Stuttgart: Evangelische Gesellschaft, 157-171.

Boban, Ines; Hinz, Andreas (1998, 2003). Diagnostik für integrative Erziehung. In: Eberwein, Hans; Knauer, Sabine (Hrsg.): Handbuch Lernprozesse verstehen. Wege einer neuen (sonder-)pädagogischen Diagnostik. Weinheim: Beltz, 151-164.

Boban, Ines; Hinz, Andreas (1999). Persönliche Zukunftskonferenzen. Unterstützung für individuelle Lebenswege. Behinderte in Familie, Schule und Gesellschaft 22, H. 4/5, 13-23.

Boban, Ines; Hinz, Andreas (2012). Individuelle Förderung in der Grundschule? Spannungsfelder und Perspektiven im Kontext inklusiver Pädagogik und demokratischer Bildung. In: Solzbacher, Claudia; Müller-Using, Susanne; Doll, Inga (Hrsg.): Ressourcen stärken! Individuelle Förderung als Herausforderung für die Grundschule. Köln: Wolters Kluwer, 68-82.

Boban, Ines; Hinz, Andreas (2015). Der Index für Inklusion – eine Einführung. In: Boban, Ines; Hinz, Andreas (Hrsg.): Erfahrungen mit dem Index für Inklusion. Kindertageseinrichtungen und Grundschulen auf dem Weg. Bad Heilbrunn: Klinkhardt, 11-41.

Boban, Ines; Hinz, Andreas (2016a). Potenziale der Theorie U für Transformationsprozesse in der Inklusion. In: Hinz, Andreas; Kinne, Tanja; Kruschel, Robert; Winter, Stephanie (Hrsg.): Von der Zukunft her denken. Inklusive Pädagogik im Diskurs. Bad Heilbrunn: Klinkhardt, 44-54.

Boban, Ines; Hinz, Andreas (2016b). Dialogisch-systemische Diagnostik – eine Möglichkeit in inklusiven Kontexten. In: Amrhein, Bettina (Hrsg.): Diagnostik im Kontext inklusiver Bildung – Theorien, Ambivalenzen, Akteure, Konzepte. Bad Heilbrunn: Klinkhardt, 64-78.

Bros-Spähn, Bernadette (2002). Und was ist nach der Schule? LAG-Info der Landesarbeitsgemeinschaft „Gemeinsam Leben – gemeinsam Lernen" Rheinland-Pfalz, März 2002, 51-55.

Bros-Spähn, Bernadette (2007). Melanies Unterstützerkreis – Erfahrungen aus fünf Jahren. In: Hinz, Andreas (Hrsg.): Schwere Mehrfachbehinderung und Integration – Herausforderungen, Erfahrungen, Perspektiven. Marburg: Lebenshilfe, 181-187.

Eckhardt, Karin; Hehlgans, Frank (2015). Nach dem schwierigen Weg der schulischen Integration Energien und Ideen sammeln für ein inklusives, unterstütztes Arbeitskonzept für Astrid. In: Kruschel, Robert; Hinz, Andreas (Hrsg.): Zukunftsplanung als Schlüsselelement der Inklusion. Praxis und Theorie personenzentrierter Planung. Bad Heilbrunn: Klinkhardt, 53-60.

Eggers, Astrid; Polzin, Florin; Willkomm, Dorothea (2004). Und was kam für Emily nach der integrativen Schulzeit? – Integratives Theater! In: Boban, Ines; Hinz, Andreas (Hrsg.): Gemeinsamer Unterricht im Dialog. Vorstellungen nach 25 Jahren Integrationsentwicklung. Weinheim/Basel: Beltz, 169-176 (auch im Internet: http://bidok.uibk.ac.at/library/boban-dialog.html#idp7268784).

Ehler, Jens (2009). Mein Leben hat sich dadurch verändert. Persönliche Zukunftsplanung – eine Methode, eigene Lebenswege entwickeln zu lernen. In: Das Band, H. 1, 17-19.

Eisler, Riane (2005). Die Kinder von morgen. Die Grundlagen partnerschaftlicher Bildung. Freiamt: Arbor.

Gebhardt, Irene; Gredler, Angela (2015). Der Index für Inklusion als Basis für Vernetzung von Bildungseinrichtungen und die inklusive Entwicklung der Gemeinde. In: Boban, Ines; Hinz, Andreas (Hrsg.): Erfahrungen mit dem Index für Inklusion. Kindertageseinrichtungen und Grundschulen auf dem Weg. Bad Heilbrunn: Klinkhardt, 129-137.

Gebhardt, Irene; Müller, Claudia (2015). Wiener Neudorf – Zukunftsplanung in und für eine Gemeinde auf dem Weg der Inklusion. Ein Erfahrungsbericht. In: Kruschel, Robert; Hinz, Andreas (Hrsg.): Zukunftsplanung als Schlüsselelement der Inklusion. Praxis und Theorie personenzentrierter Planung. Bad Heilbrunn: Klinkhardt, 165-173.

Guttenberg, Katharina (2014). Unterstützte Kommunikation in Zukunftsplanungsprozessen. In: Boban, Ines; Eckmann, Theo; Hinz, Andreas (Hrsg.): Lernen durch Vielfalt. Variationen aus der sozialästhetischen und inklusiven Praxis: Demokratische Bildung, Kooperatives Lernen, Zukunftsplanung. Bochum/Freiburg i. Br.: Projekt, 297-314.

Hetzner, Renate; Podlesch, Wolfgang (1994). Kinder mit elementaren Lernbedürfnissen („Schwerstmehrfachbehinderte") in Integrationsklassen. In: Eberwein, Hans (Hrsg.): Behinderte und Nichtbehinderte lernen gemeinsam. Handbuch der Integrationspädagogik. Weinheim/Basel: Beltz, 349-358.

Hinz, Andreas (1987). Schwerstbehinderte und Integrationsklassen. Überlegungen zu einem „unvorstellbaren" Thema. In: Wocken, Hans; Antor, Georg (Hrsg.): Integrationsklassen in Hamburg. Erfahrungen – Untersuchungen – Anregungen. Oberbiel: Jarick, 307-314.

Hinz, Andreas (Hrsg.) (1992). Schwerstbehinderte Kinder in Integrationsklassen. Marburg: Lebenshilfe.

Hinz, Andreas (Hrsg.) (2007). Schwere Mehrfachbehinderung und Integration – Herausforderungen, Erfahrungen, Perspektiven. Marburg: Lebenshilfe.

Hinz, Andreas (2013). Inklusion – von der Unkenntnis zur Unkenntlichkeit?! Kritische Anmerkungen zu zehn Jahren Diskurs zur schulischen Inklusion. Inklusion Online – Zeitschrift für Inklusion. H. 1, 2013. Im Internet: http://www.inklusion-online.net/index.php/inklusion/article/view/201/182.

Hinz, Andreas (2016). Segregation und „Integration plus" auf der Basis der UN-Behindertenrechtskonvention – oder doch Schritte zum inklusiven Schulsystem? In: Böing, Ursula; Köpfer, Andreas (Hrsg.): Be-Hinderung der Teilhabe. Soziale, politische und institutionelle Herausforderungen inklusiver Bildungsräume. Bad Heilbrunn: Klinkhardt (im Druck).

Hinz, Andreas; Kruschel, Robert (2013). Bürgerzentrierte Planungsprozesse in Unterstützerkreisen. Praxisbuch Zukunftsfeste. Düsseldorf: selbstbestimmtes leben.

Hömberg, Nina (2007). Ergebnisse aus dem Berliner Landesschulversuch im Hinblick auf Kinder und Jugendliche mit schwerer Mehrfachbehinderung. In: Hinz, Andreas (Hrsg.): Schwere Mehrfachbehinderung und Integration – Herausforderungen, Erfahrungen, Perspektiven. Marburg: Lebenshilfe, 57-74.

Hüther, Gerald (2009). Männer – das schwache Geschlecht und sein Gehirn. Göttingen: Vandenhoeck & Ruprecht.

Jerg, Jo; Sickinger, Harald (2014). Lebensträume verwirklichen. Wie sich junge Leute am Übergang von der Schule in den Beruf mit einem Elternverein auf den Weg machten, um Inklusion zu realisieren. Reutlingen: Diakonie.

Kluge, Mathias (2003). Ideen und Visionen für Felix. Protokoll einer Persönlichen Zukunftskonferenz. Bayerisches Integrations-Info 10, 4-7.

Kluge, Mathias (2007). Felix – die Zukunft beginnt in der Grundschule, die Planung auch. In: Hinz, Andreas (Hrsg.): Schwere Mehrfachbehinderung und Integration – Herausforderungen, Erfahrungen, Perspektiven. Marburg: Lebenshilfe, 188-194.

Koenig, Oliver; Schweinschwaller, Thomas (2016). Wie kommt das Kamel durchs Nadelöhr? Die Theorie U als Prozess für soziale Transformation. In: Hinz, Andreas; Kinne, Tanja; Kruschel, Robert; Winter, Stephanie (Hrsg.): Von der Zukunft her denken. Inklusive Pädagogik im Diskurs. Bad Heilbrunn: Klinkhardt, 17-43.

Kruschel, Robert; Hinz, Andreas (Hrsg.) (2015). Zukunftsplanung als Schlüsselelement der Inklusion. Praxis und Theorie personenzentrierter Planung. Bad Heilbrunn: Klinkhardt.

Liedloff, Jean (2006). Auf der Suche nach dem verlorenen Glück. Gegen die Zerstörung unserer Glücksfähigkeit in der frühen Kindheit. München: Beck.

Münchhausen, Marco von (2003). Wo die Seele auftankt. Die besten Möglichkeiten, Ihre Ressourcen zu aktivieren. München: Goldmann.

O'Brien, John; O'Brien, Connie L. (Eds.) (2000). A little book about Person Centered Planning. Toronto: Inclusion Press.

Olejnik, Bärbel; Olejnik, Hans-Roman; Wibrow, Renate (2004). „Mit Kindern zusammen sein, das war für ihn Schule und Glück". In: Boban, Ines; Hinz, Andreas (Hrsg.): Gemeinsamer Unterricht im Dialog. Vorstellungen nach 25 Jahren Integrationsentwicklung. Weinheim/Basel/Berlin: Beltz, 163-168 (auch im Internet: http://bidok.uibk.ac.at/library/boban-dialog.html#idp7192416).

Pohl, Margot (2011). Schau mir in die Augen. Persönliche Zukunftsplanung mit alternativen Kommunikationsformen. In: Impulse Sonderheft, 21-27. Im Internet: http://trainingpack.personcentredplanning.eu/attachments/article/159/impulse_SonderheftZukunftsplanung_Downloadversion.pdf.

Scharmer, C. Otto (2009). Theorie U: Von der Zukunft her führen. Presencing als soziale Technik. Heidelberg: Carl-Auer.

Schöler, Jutta (2009). „Geistig Behinderte" am Gymnasium – Integration an der Schule für „Geistig Behinderte". In: Jerg, Jo; Merz-Atalik, Kerstin; Thümmler, Ramona; Tiemann, Heike (Hrsg.): Perspektiven auf Entgrenzung. Bad Heilbrunn: Klinkhardt, 95-102.

Schwager, Michael (2015). Schwerstbehinderte Schülerinnen und Schüler in der Inklusiven Schule. Herausforderung oder Grenze? Behinderte Menschen 38, H. 2, 33-39.

Siegert, Hubertus (2006). Klassenleben. Film. Berlin: Sumofilm.

Willkomm, Dorothea (1992). Nichtaussonderung – Erfahrungen aus dem Leben mit einem schwerstbehinderten Kind und Überlegungen zum Stellenwert von Therapie. In: Hinz, Andreas (Hrsg.): Schwerstbehinderte Kinder in Integrationsklassen. Marburg: Lebenshilfe, 33-38.

Willkomm, Dorothea (2007). Emily – Integrativer Kinderladen, Integrationsklasse, Integratives Theater, Wohnheim für Behinderte, Wohngruppe. In: Hinz, Andreas (Hrsg.): Schwere Mehrfachbehinderung und Integration – Herausforderungen, Erfahrungen, Perspektiven. Marburg: Lebenshilfe, 105-112.

Autorinnen und Autoren

Ines Boban
Wissenschaftliche Mitarbeiterin im Arbeitsbereich Allgemeine Rehabilitations- und Integrationspädagogik an der Martin-Luther-Universität Halle-Wittenberg seit 2003, davor elf Jahre Lehrerin im Gemeinsamen Unterricht an der Gesamtschule Winterhude (heute: Reformschule) in Hamburg; erste intensive pädagogische Erfahrungen in einem Langzeitpraktikum Mitte der 1970er Jahre in einer Gruppe von Kindern mit umfänglichem Unterstützungsbedarf, die bis dahin gar nicht zur Schule durften; vielfältige Erfahrungen in Zukunftsplanungsprozessen mit Personen mit hohem Unterstützungsbedarf; zahlreiche Publikationen in den entsprechenden Bereichen. www.inklusionspaedagogik.de, ines.boban@paedagogik.uni-halle.de

Petra Flieger
Mag.[a] phil., Lehramt für Sonderschulen, mehrjährige Tätigkeit als Lehrerin in der schulischen Integration von Kindern mit Behinderungen in den 1980er und 1990er Jahren; seit 1998 freie Sozialwissenschafterin. Inhaltliche Schwerpunkte: gesellschaftliche Gleichstellung und Integration von Buben und Mädchen, Männern und Frauen mit Behinderungen.

Andreas Hinz
Professor für Allgemeine Rehabilitations- und Integrationspädagogik an der Martin-Luther-Universität Halle-Wittenberg seit 1999; davor 16 Jahre Mitglied wissenschaftlicher Begleitungen integrativer Grundschulversuche in Hamburg; erste intensive pädagogische Erfahrungen als Zivildienstleistender Mitte der 1970er Jahre in einer Gruppe von Kindern mit umfänglichem Unterstützungsbedarf, die bis dahin gar nicht zur Schule durften; Organisation der ersten bundesweiten Tagung über Integration und schwere Mehrfachbehinderung in Deutschland 1991 sowie einige Publikationen zum Thema; vielfältige Publikationen über integrative und später über inklusive Pädagogik, inklusive Schulentwicklung, u. a. mit dem Index für Inklusion und Zukunftsplanung. Homepage: www.inklusionspaedagogik.de, E-Mail: andreas.hinz@paedagogik.uni-halle.de

Claudia Müller
Volks- und Sonderschullehrerin. Sie arbeitete viele Jahre in verschiedenen Sonderschulklassen. Nach einer längeren Pause, in der sie sich der Erziehung ihrer beiden Töchter widmete, kam sie 1991 in die VS Wiener Neudorf. Hier fand sie ihre pädagogische Heimat. Sie begleitete 20 Jahre mit

ihrer Teampartnerin Susanne Preinsperger Integrationsklassen. In dieser Zeit unter anderem Ausbildung in Montessori-Pädagogik und Absolvierung des berufsbegleitenden Lehrganges für PädagogInnen der Basalen Förderklassen Wien. 2006 wurde sie zur Mitinitiatorin des *Wiener Neudorfer Inklusionsprojekts*. Im Rahmen dieses Projekts ist sie auch in ihrer Pension unterstützend in Schule, Kindergarten und einer Kleinkindgruppe tätig.

Claudia Niedermair

Dr.[in] Mag.[a], Prof.[in] an der PH Vorarlberg, Lehramt für Volks- und Sonderschule sowie Montessori-Pädagogik. Obfrau des Vereins „Integration Vorarlberg", wissenschaftliche Begleiterin der integrativen Schulversuche in Vorarlberg in den 1990er Jahren, Schwerpunkte: Allgemeine Didaktik, Inklusive Pädagogik – Lehren und Lernen in entwicklungsheterogenen Gruppen.

Volker Schönwiese

Dr., a. o. Univ.-Prof. i. R.; Teil der GründerInnen-Generation der Selbstbestimmt Leben Bewegung in Österreich; von 1983 bis 2013 am Institut für Erziehungswissenschaft der Universität Innsbruck; Aufbau des Lehr- und Forschungsbereichs der Inklusiven Pädagogik und Disability Studies und ab 1997 der digitalen Bibliothek bidok (http://bidok.uibk.ac.at/); nähere Informationen: https://www.uibk.ac.at/iezw/mitarbeiterinnen/ao.-univ.-professorinnen/volker-schoenwiese/about.html

Corinna Wolffhardt

Mag.[a], Sonder- und Heilpädagogin, Kursleiterin Basale Stimulation® in Pädagogik und Therapie, langjährige Begleitung von Kindern und Jugendlichen mit schweren Beeinträchtigungen; seit 2011 als pädagogische Leitung in den Basalen Förderklassen Wien – Wiener Sozialdienste, Förderung & Begleitung GmbH tätig.

Wir bedanken uns bei folgenden Sponsoren:

Bundesministerium für Bildung und Frauen
Marktgemeinde Wiener Neudorf
Integration:Tirol
Raiffeisen Regionalbank Mödling
Uniqa Versicherung

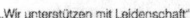

behinderung inklusion dokumentation
www.bidok.at

bidok ist
- eine digitale Volltextbibliothek mit Texten und Materialien zum Thema Integration und Inklusion von Menschen mit Behinderungen;
- öffentlich zugänglich und kostenlos!

Die Bibliothek
- umfasst wissenschaftliche Arbeiten, Beiträge aus Zeitschriften und Büchern, Berichte, Vorträge, Rezensionen u.v.m.;
- bietet über 2000 Volltexte aus 15 verschiedenen Themenbereichen – z.B. Arbeitswelt, Disability Studies, Gesellschaft und Politik, Schule, Selbstbestimmt Leben, Sexualität – zum Downloaden;
- ist barrierefrei gestaltet;
- hat eine eigene Seite in Leichter Sprache.